監修者――加藤友康／五味文彦／鈴木淳／高埜利彦

［カバー表写真］
西郷と勝海舟の会談
（結城素明画「江戸開城談判」）

［カバー裏写真］
鹿児島を出発する西郷軍
（「鹿児嶋記事」）

［扉写真］
西郷隆盛肖像
（キヨソネ画, 1883〈明治16〉年制作）

日本史リブレット人071

西郷隆盛
明治維新の先覚者

Tokunaga Kazunobu
徳永和喜

目次

明治天皇と西郷隆盛

西南戦争平定後のある日、明治天皇は、勅題「西郷隆盛」を皇后に賜い、「隆盛今次の過罪を論じて既往の勲功を棄つることなかれと仰せらる」と心情を吐露し、これまでの西郷の功績が今度の西南戦争で消えるものではないと、西郷をしのばれている（『明治天皇紀』）。皇后は、

薩摩潟　しつみし波の　あさからぬ　はしめの違ひ　末のあはれさ

と詠じられた。以前皇后は侍講元田永孚に、近頃陛下は侍臣を親愛し、夜ごとに召してご談話され、また、大臣・将校へも厚遇している、と語っている。西郷隆盛を敬慕する近衛兵や警視庁警官で下野した私学校党の人びとにも、この陛下の側近や臣下への想いが伝わっていれば、西南戦争は起こらなかったであ

ろうと、皇后は陛下の意に応えている。

西郷隆盛(一八二七〜七七)は、政府に反乱を起こしてもなお、維新の功労者としてたたえられ、今でも多くの書物やテレビ番組などでも取り上げられて、人気を博している。本書は、人物像を評じたものとはしないが、西郷の残した書翰や当時の記録をもとに生涯をたどりながら、激動の幕末・維新期を描いてみたい。

①—幕末政治への登場

西郷遠島赦免とその背景

一八六四(文久四)年正月二十六日、西郷隆盛に赦免▲許可が出され、二月二十一日、藩の蒸気船胡蝶丸が沖永良部島に迎えに来た。二月二十八日鹿児島に到着、翌日には福昌寺に眠る前藩主島津斉彬に墓参した。三月四日に村田新八とともに上京を命じられ、十四日に京都に着いた。十八日には島津久光▲に拝謁、翌十九日に不穏な京都政治情勢に対処する指導的な役割を担う軍賦役に任ぜられ、四月八日には御小姓組から一代新番家格に昇格、十四日には小納戸頭取、御用取次見習、五月十五日には家格一代小番の辞令を受けるなど、西郷への期待がたびたびの家格昇格・職掌昇進となった。「あまり程よきが過ぎて御機嫌取り」のようで、赦免後の厚待遇に戸惑いの心情を述べている。

西郷赦免の前年に八月十八日の政変が起こった。この事件の仕掛人は島津久光であった。会津藩との連携による政変は成功したが、尊攘派志士および公卿の一掃により今後予想される困難な事態への対応を、前藩主斉彬時代に中央

▼**西郷の赦免**　『久光公実紀』一八六四(文久四)年正月二十六日の条に「吉井仲助(友実)・西郷信吾(従道)・福山清蔵三人、大島吉之助(西郷隆盛)赦免一条につき帰国申し付け候事」とある。なお、西郷は、一八六二(文久二)年久光の国事周旋に随従したが、下関で待機せよとの命令に反し、京都政情の不安を除くために入京したことで、流罪となっていた。

▼**島津久光**　一八一七〜八七年。父は藩主斉興、母は側室ゆら。斉興継嗣は世子斉彬と抗争(おゆら騒動)となり、斉彬襲封後は藩政から離れた。斉彬逝去後に久光長男茂久が藩主となり、国父として藩政に復帰。中央政局に参加し、薩摩藩の政治的地位を高めた。松平春嶽、山内容堂、伊達宗城と幕末の「四賢侯」とされる。

政局を生き抜いた西郷の政治的手腕を期待しての登用であった。西郷嫌いの久光ではあったが、赦免後早速上京させ、軍賦役に抜擢した。

　まず当時の薩摩藩は尊攘派をどのように排除したか、その経緯をみる。京都政情は急進的攘夷論が強まり、孝明天皇は関白近衛忠煕に久光上京の御内命の勅書をあたえた。久光は上京を決意し、大久保利通▲・吉井友実▲に周旋を命じた。十月三日付の久光宛近衛忠煕書翰では「従三位中納言」の贈官位をお受けするようにとの進言も辞退している。無位無官の久光が官位をえたのは一八六四年正月十三日、朝議参預と従四位下左近衛権少将の官位に叙任され、正月二十八日に、大隅守と改められ、四月十一日に従四位上左近衛中将兼大隅守に任ぜられている。

八月十八日の政変工作

　将軍徳川家茂が一八六三(文久三)年二月十三日江戸を発し、三月四日入京したことによりさらに尊攘派の活動は激しさを増した。その間、正月には近衛忠煕は関白を、中山忠能・正親町三条実愛は議奏を辞し、公武合体派はその勢

▼**大久保利通**　一八三〇〜七八年。西郷隆盛、木戸孝允と「維新の三傑」と称される。幼名正袈裟、通称一蔵、諱は利通、号は甲東。島津久光に見出され、岩倉具視の信頼をえて、討幕の中心的役割を果たす。明治政府では内務卿で日本の近代化を牽引した。

▼**吉井友実**　一八二八〜九一年。一八五六(安政三)年大坂留守居役、六一(文久元)年大目付役、流罪の西郷の復帰を歎願、召喚使で渡島。禁門の変、長州征討では西郷・税所篤とともに長州に乗り込み、戦後処理につとめる。元老院議官、鉄道会社社長、枢密院顧問官を歴任。

▼堂上　公家の家格の一つで、御所の清涼殿殿上間に昇殿する資格を世襲している公卿。堂下・地下に対する。別名殿上人。

▼反対意見一四カ条　攘夷御決議は軽卒、朝廷が幕府の後見・総裁を軽く待遇し浮浪藩士の暴説を信用するのは乱世の基、暴説信用の堂上方は退け浮浪藩士は幕府が処置すべき、中川宮・前関白近衛忠熙・中山忠能・正親町三条実愛を前職に復帰させること、国政を将軍に委任のこと、また、毛利父子の所信を幕府後見より質問させるなどであった。

島津久光

力を失い、逆に三条実美ら少壮激派の堂上▲が長州藩および尊攘派志士の勢力をえて実権を掌握した。

　久光の入京は、公武合体派の期待をえたものではあったが、入京即日の三月十四日に、久光は近衛邸で尊攘派支配の全面的な反対意見一四カ条▲を述べた。久光は自説を展開したが、これらの意見が通用する様相はまったくない。「無用の小臣・久光が滞京すると公武のためにならない」として、生麦事件後の藩地防備充実のため、滞京四日にして十八日には帰藩の途に就いた。久光の退京後は公武合体派の公卿や藩主も退去し、公武合体派の勢力は一掃された。そして尊攘派姉小路公知暗殺は薩摩藩に嫌疑がかかり、田中新兵衛の自殺などによって薩摩藩はさらに窮地に立たされ、乾門守衛を免ぜられ、藩士の九門(宮中の門)出入が禁ぜられた。

　このような情勢のなか、天皇は攘夷親征に対する危惧と反対から、久光の上京召命が七月十一日付でなされ、近衛父子もまた久光に上京をうながした。七月二十三日付近衛父子への返翰に、イギリス艦隊が薩摩藩城下を砲撃した大混乱後であり、たとえ自分が上京できなくても、事情が整いしだい一門か家老を

「七卿落図」

▼中川宮朝彦親王　中川宮を称するのは一八六三(文久三)年八月二十七日以降だが、ここでは通称の中川宮で記す。

▼七卿落ち　七卿落ちとは、一八六三(文久三)年の「八月十八日の政変」で、薩摩藩・会津藩の公武合体派によって尊王攘夷派の七

派遣すると述べているが、京都の政局は容認しがたい情況と判断し、在京藩士への対策を命じ、みずから率兵する覚悟をした。朝廷対策として近衛家との連絡のために派遣した奈良原繁(ならはらしげる)や在京藩士高崎正風(たかさきまさかぜ)・高崎五六(ごろく)による、中川宮(なかがわのみや)朝彦親王(あさひこしんのう)▲・近衛父子説得の成功は、八月十八日の政変の基礎を固め、成功の大きな要因となった。

一方、会津藩との連携成功も中川宮に申上し、十七日、「天皇より宮へ御書がくだされ、薩摩・会津両藩の申し合わせを急いで実施するようにとの御趣意である」と、ここに天皇の裁可がくだされた。中川宮・近衛父子とともに参内(さんだい)し、尽力するよう沙汰(さた)があり、十八日丑刻(うしのこく)参内と決まった。中川宮・二条斉敬(なりたか)は会津藩が御供(おとも)、近衛父子は薩摩藩が御供し、卯(う)刻に宮中や公家(くげ)の屋敷の門を厳重に固め、両武家伝奏(ぶけてんそう)はじめ一人も入れないよう命じた。堺町御門(さかいまちごもん)は長州藩の持場であり、長州番所には奈良原が大砲四門で率兵して「長州藩警衛御免」を告げた。長州藩兵引払いは少し難渋(なんじゅう)したが、鷹司(たかつかさ)邸に屯集後、京から帰藩した。翌朝、三条実美以下尊攘派の七卿(しちきょう)▲は西下の途に就いた。

八月十八日の政変直後の不穏な政情を案じて、近衛父子は久光に上京をうな

がす書翰を三度送っている。京都政情の切迫感は、「久光の率兵上京がなければ、人心の動揺をおさえることはできない」、「一日といわずわずかでも早く上京するように」、と、早急な上京に加え、猛勢の威風を示す大軍率兵を期待▲している。久光は八月末に小松帯刀▲を先発させ、九月十二日鹿児島を出発、城下士六組・郷士六組を率い鳥羽通から烏丸通に出て二本松藩邸に入った。

西郷の政局分析

緊迫する中央政局に臨み、西郷は、朝廷は確固たる方針をもたず、幕府は小手先の策謀で誤魔化し、参預会議も幕府の離間策で分解され、八月十八日の政変時に活躍した中川宮は当時に比べて頼りにならないと分析した。政変後の長州藩処置を放置すると内乱が起こりうると推察し、三月下旬、長州藩家老と支藩岩国藩主吉川経幹(監物)の来坂の機会をえて長州藩邸に説得に参るべきと考え、その裁可を久光に求めたが今は見合わせるようとの下命であった。西郷は和睦交渉には長州藩の説得が必須であり、もし失敗して殺されたなら長州藩は信頼を失い、窮地に追い込められ、それはそれであらたな展開の契機となると

人の公卿が京都から追放され、長州藩に落ち延びた事件。七卿は三条実美・三条西季知・四条隆謌・東久世通禧・壬生基修・錦小路頼徳・沢宣嘉。

▼**大挙上京の期待**　八月二十二日付大久保宛村山斎助書状に「いづれ不日に大挙して上京いたすべきは案中に御座候」と読み込んでいる。

▼**小松帯刀**　一八三五〜七〇年。薩摩藩家老。吉利領主。諱は清廉、通称は尚五郎、帯刀。薩長同盟・大政奉還に重要な役割を果たす。上級家臣であったが、西郷・大久保を擁護し、藩家老として重責をつとめる。

考えた。敵地に乗り込み打開策を見出すことが有効と考える西郷が、今後の歴史的大局面でみせる一貫した姿勢・信念といえよう。その時の心情をつづっている。

誓って長城に入る身を顧みず、唯皇国を愁いて和親を説く、
譬い首を投げうって真卿の血とならんも、是より多年賊人を駭かさん

公武合体派の体制整う

入京後の久光は、八月十八日の政変の事後対策として、公武合体派有力諸侯の結束に奔走し、一橋慶喜▲・松平春嶽▲・山内容堂▲・伊達宗城▲らと協議をしている。十月十五日に中川宮に提出した「永世不朽の基本」では、朝廷に対し、皇国挽回の道達成の根幹がゆらぐことがないように建議し、これに対し、十一月十五日付久光宛宸翰は二一カ条をくだしたとある。

公武合体体制強化の朝廷人事をも建議し、結果をえている。十二月二十三日に関白鷹司輔熙の辞任、右大臣二条斉敬を左大臣関白、内大臣徳大寺公純を右大臣、左近衛大将近衛忠房を内大臣に昇任、二十七日付で正親町三条実愛・阿

▼**一橋慶喜**　一八三七〜一九一三年。父は九代水戸藩主斉昭。一橋家を相続後の一八六六(慶応二)年徳川宗家を相続、第十五代将軍襲封。将軍後見職・禁裏守衛総督の要職をつとめる。大政奉還や江戸城開城を果たした。

▼**松平春嶽**　一八二八〜九〇年。諱は慶永、号は春嶽。父は田安家三代斉匡。養子縁組により越前藩十六代藩主。改革派の中根雪江・由利公正・橋本左内を登用し、藩政改革を成功。幕末の「四賢侯」。

▼**山内容堂**　一八二七〜七二年。諱は豊信、号は容堂。父は豊著(十三代藩主)。一八四八(嘉永元)年土佐藩十五代藩主。藩政改革を成功。後藤象二郎の進言を受け、将軍慶喜に大政奉還を建白。幕末の「四賢侯」。

野公誠・久世通熙を議奏復職、六条有容が議奏拝命と体制が整った。久光自身も翌一八六四（文久四）年正月十三日に慶喜の薦めもあり、朝議参預と従四位下左近衛少将に任ぜられるなど正式に朝議に加わった。将軍家茂入京（十二月十五日）以前に、雄藩諸侯も朝議に参加することで公武合体体制が整えられた。

▼**伊達宗城**　一八一八〜九二年。父は山口直勝、一八二九（文政十二）年宇和島藩主宗紀の養子となり、四四（弘化元）年八代藩主。公武合体を推進、安政の大獄で隠居。一八六九（明治二）年新政府の議定に就任。

②——幕府政治の混乱

課題は攘夷と長州藩処置

将軍入京後は攘夷対策と長州藩の処分が問題であった。宸翰奉答書でも鎖港に対する薩摩藩の意見は、無謀な攘夷に反対し、武備充実を主張した。一八六三(文久三)年九月以降、幕府は横浜一港の閉鎖を実行することで攘夷実行の辻褄合せの談判を開始した。島津久光は薩英戦争後はよりいっそう開国論となり、攘夷が国論化することを危惧したので、幕府と薩摩藩の意見が異なっていった。

一八六五(元治二)年正月二日、将軍後見職徳川慶喜の旅館にて、慶喜・酒井忠義・松平春嶽・松平容保・伊達宗城が参会、久光は横浜鎖港遂行の中止を申し入れたが、慶喜は応じなかった。さらに、二月二日、久光は松平春嶽・伊達宗城とともに二条城にて慶喜や老中ら列座の席で横浜鎖港断念を申し入れたが、拒否された。幕府は三月二十五日には慶喜の後見職を解き、禁裏御守衛総督、摂海防禦指揮に任じた。久光は三月に朝廷にお暇を申請、四月八日裁可された。同三月朝議参預の慶喜・春嶽・宗城・容保・久光提出の辞職願いは三月十四日聞き入れられ、朝議の参預体制が解体した。

中央政局での公武合体派の雄藩連合機能が解消された。久光の献策はことごとく慶喜・幕府に潰され、幕府・長州藩の反発と尊攘急進派からの非難攻撃の対象となってしまった薩摩藩は、時勢と世論の趨勢によってこれまでの公武合体論を転換せざるをえなかった。幕府や慶喜との対立が公武合体を放棄させ、幕府との協調の不和から幕府不要論に転換しつつあった。討幕論転換の第一歩であった。

また、薩摩藩の対外政策への非難も深刻であった。幕府と薩摩藩の協調路線の崩壊、さらに長州藩の薩摩藩に対する攻撃▲も過激さを増していった。八月十八日の政変以降、長州藩の薩摩藩に対する憎しみが激化し、薩摩藩の長崎での輸出の繰綿貿易がねらわれた。アメリカ南北戦争による欧州の綿花不足に着目して藩の財源を獲得しているとの非難である。続いて、一八六四(文久四)年正月十二日には、長崎廻航中の木綿積載の加徳丸が防州別府浦碇泊中に襲撃▲を受けた。西郷は軍賦役に就任していた時、薩摩藩が上海付近で茶密貿易を行い

▼**薩摩藩に対する攻撃の事例**　薩摩藩が幕府傭船長崎丸で繰綿を購入し、一八六三(文久三)年十二月二十二日神戸より出帆、長崎へ廻航途中の同二十四日夜五ツ時に下関海峡で奇兵隊士より砲撃を受け、沈没する事件が発生した。

▼**加徳丸の襲撃**　積荷は焼かれ、積荷監督の久見崎船手大谷仲之進が斬られ、その首は大坂東本願寺門前に梟首された。残忍な仕業の目的は外国と貿易する薩摩藩の実際を世に知らしめ、薩摩藩の失墜を企図するものであった。

国禁に背いているとの悪評に対して、「幕奸の隠策と相見え」としながらも静観を心がけていると、書翰で在藩の大久保利通や藩中枢に懸念を伝え、藩地での厳重取締りを求めている。過去の綿貿易の悪評の再来を恐れ、宇治茶貿易も大坂留守居木場伝内に商人仲介ではなく藩吏の直接交易実施を命じ、領内商人の上坂禁止とした。薩摩藩への対抗は、武力による京都排斥と入京を禁じられた悔しさが背景にあった。

長州藩の反発

長州藩の不穏な動きに対し、朝廷と幕府は京都の治安確保のために京都守護職松平容保を軍事総裁職に、松平春嶽を京都守護職に任じる強化策を二月十五日に発表している。長州藩も前年八月以来弁明に終始したが、効果をえず、ついに三月五日、長州藩は思い切って歎願書を提出し、入京の許可と三条実美以下七人の復職を求めた。

朝幕による長州藩の処罰が決定しないなか、長州藩に顕著な動きがみられた。六月二十四日、長州藩家老福原越後が兵を率いて伏見に到着し、歎願書を提出したのだ。この福原軍勢は二十七日には伏見会津守備兵と衝突の恐れから京都御所周辺は大騒動となり、同時に宮中の門の閉鎖や諸藩守備兵の増員がなされた。同日晩方に議奏正親町三条実愛は毛利父子入京赦免を主張し、朝議は平穏の処理を認めた。なお、七卿の脱走の罪は重く、復職は認められていない。長州藩武力集結は、さらなる横暴を派生させ、八月十八日の政変以前の勅書が正当であり、その後は違勅とまで主張しはじめていた。長州藩の横暴と協力的な堂上方の動きは許しがたいと、西郷は「いずれ朝命を奉じ、相戦うより外はない」との決断を大久保に伝えている。

　朝廷の毛利父子入京決定に激怒したのが慶喜である。同日夕方に急遽参内し、長州藩の歎願を認可するとは何事か、まして兵器を携えて朝廷に迫るとは君臣の身分をわきまえぬ不遵と一喝し、歎願撤回、すなわち撤兵を主張して、要求が容れられなければ松平容保および私（慶喜）は御役を辞すると断言した。この強力な意見は朝廷を混乱させ、内大臣近衛忠房は西郷を呼び意見を求めた。西郷は一橋慶喜の意見こそが「いかにももっともの議」、歎願撤回と即撤兵に従わない時には、「長州の罪状を明白にし、追討の勅命」をたてまつれば、「速やかに攻め滅ぼす」と、決断を披露した。朝議は一橋の意見に決し、和戦両様の対応が委任されたが、長州藩支援の諸藩・公卿(くぎょう)の存在は西郷の不安なところであった。

当時の薩摩藩は鳥取藩からの長州歎願採用の協力依頼も取りあわず、また、会津からの援兵要請にも応じなかった。久光厳命の禁裏守衛の藩兵しかいない、兵力を割くわけにはいかないと断わっている。慶喜より家老小松帯刀(こまつたてわき)への出兵依頼も、藩論どおり朝命のほか一切できないと断わっている。さらに、会津からは会合参加、幕府からも一〇人程度の守衛依頼があったがこれも断わっている。

慶喜は長州藩の福原越後に撤兵を諭したが、福原は聞き入れず入京を歎願した。七月八日、幕府は薩藩留守居に長州兵退去の斡旋を命じたが、朝威(ちょうい)を損なう恐れがあるとの理由から斡旋を拒否している。朝廷を支える藩意は、朝廷決議の動揺などから慶喜への兵権集中や幕府権力の回復にならないか、長州動向の対処には西郷は警戒をおこたらなかった。薩摩藩は朝命に従い、朝威振興を推進するとともに藩勢力拡大策でもあった。

禁門の変

七月十八日、福原越後は松平容保排除を朝廷に奉呈したが、逆に朝議は在京諸藩による長州征討に決し、勅命がくだされた。長州の決戦論に対し、禁裏御守衛総督慶喜は本営を東寺に構え、幕府は伏見・桃山・山崎・八幡などに麾下兵と会津・桑名藩兵の配置を決定した。薩摩藩は十九日明け方に軍列▲を定め、家老小松帯刀・軍賦役西郷・軍役奉行伊知地正治を参謀に出陣した。

長州軍は朝廷軍軍列の情報をえて、三道から京都進撃、松平容保を撃殺、有栖川宮熾仁親王・鷹司輔熙を擁立して参内、加賀・因州・備前の加勢をえて御所四門を固守し、会津兵を破り、薩摩藩をも撃破する軍略であった。

しかし、実際は福原越後の軍勢は伏見で敗れ、同じく家老の国司信濃の軍勢は乾門・公卿門を守る薩摩藩大砲四門連発の奮戦によって退けられた。島津忠鑑の軍勢は国司信濃軍の後備えと衝突し、大砲四門の猛攻により壊滅させた。山崎より堺町御門内の鷹司邸によった長州の軍勢を彦根・越前軍が攻めたが勝敗が決せず、国司信濃を攻略した薩摩藩兵が二藩を援け壊滅させた。総督慶喜、会津・桑名と薩摩軍三面より堺町御門を挟撃し、長州兵は火を楊梅殿に放

▼薩摩藩の軍列　島津久治・大目付町田久成・小姓組番頭川上右膳配下の城下士一隊に隈之城・水引・蒲生の外城士隊が禁闕守衛に備え、進撃隊は名代島津忠鑑が小松帯刀配下の城下士一隊に出水・高岡・阿久根・綾・穆佐・樋脇の外城士隊を加え中原猶介の遊学生徒隊で出陣した。

禁門の変(『蛤御門合戦図屛風』)

▼**慶喜の感状**　「中立売・蛤門・公卿門において防戦、賊兵追退ならびに堺町御門の救応その余天龍寺へ出張等抜群の働き」とある。

ち、久坂玄瑞・寺島忠三郎戦死、真木和泉が重傷をおい、残兵とともに天王寺に奔走した。戦火は三日間燃え続け、公卿邸数十家・市中焼失家屋二万八〇〇〇余戸という。二十日朝、小松軍は天王寺敵営を探索し、武器弾薬を破棄、貯蔵の兵糧五〇〇俵は京都の罹災民に供給された。

長州三家老は潜かに帰藩し、備後に待機の藩主毛利敬親、多度津に待機の三条実美も帰藩した。八月に総督慶喜より具体的な戦闘を明記した感状▲が藩主島津茂久に授けられた。十月二日には西郷に茂久より感状および側役昇進がなされ、大島吉之助改め西郷本姓に復す栄誉があたえられた。薩藩の戦死者六人、負傷者一一人、役夫負傷者三人。烏丸通の大砲攻め合いで税所篤は足に傷を受け、西郷もまた負傷した。長州藩は天下の人望を失うのみならず、大逆の罪となった。

禁門の変の処罰

長州藩は八月十八日の政変による京都からの排斥は不当と考え、失地回復のために上京したが、禁裏に発砲したことで朝敵の罪名をおうことになった。七

毛利敬親

月二十三日に武家伝奏野宮定功から毛利敬親父子追討の朝命が幕府・禁裏御守衛総督慶喜にくだされた。翌二十四日には薩摩藩ほか西国二〇藩に出兵準備が命ぜられ、薩摩藩は筑前国集合と決まった。薩摩藩は禁門の変が終るや、七月二十四日には兵庫の探索に城下士一隊と外城士四郷一隊を派遣、また、加治木の竹内・岩崎に征討に必要な長州本藩や支藩に関する探索項目二三カ条をあたえた。人心不和がないか(領民や家臣の動揺)、築城形勢のこと(山口城の防備の状況)、末家一門随従のこと(本藩と各支藩との団結・従属の強弱)、七卿動静のこと(七卿への対応が十分か)、外国襲来に専備を設けているか、征討に策を用いるか、船の用意はどこに何艘あるかなどであった。長州藩征討の軍事的攻略に絶対的な必要事項であることはもちろんであるが、本藩と支藩の分断策に勝機を見出せるとの判断がうかがえる。

八月三日、幕府は征討総督紀伊徳川茂承(紀伊中納言)、副将松平茂昭(越前藩主)を任命し、将軍みずから幕府軍を率いて出軍の令を発したが、その後総督を徳川慶勝(尾張前大納言)に交替するなど幕府の内情は混乱していた。二十二日には毛利敬親父子の官位を剝奪し、将軍の偏名「慶」字も停止させた。しかし、慶勝は総督を辞退したため、総督の人選は混乱したが、朝命により九月二十一日入京、征討総督職を拝命するにいたった。十月十五日総督慶勝は大坂に入り、十月二十二日大坂城で軍議を開き、総攻撃の戦略を議論し、十一月十八日を総攻撃の日と定めた。そこで、総督から諮問された西郷は、長州平定を望むならば、藩主に禁門の変の主謀者を誅殺させ、不恭順の罪を謝罪させ、その後に寛大な処分をしてはいかがだろうかと答えている。総督は西郷の建議を評価し、西郷に軍事など国家の大事をまかせた。西郷は陪臣の身分を理由に辞退したが聴き入れられなかったために、京都留守居吉井友実と岩国支藩吉川監物に恭順斡旋の交渉に赴き、重大な結論をえた。

西郷書翰にみる長州処分の経過

この時期の西郷の思考やその転換・実践はきわめて重要な意味をもつ。長州処分に対する当初の強硬意見から緩和に転換し、長州を潰そうとする幕府への反応、慶喜との距離感の変化、国家観形成など西郷思想形成の貴重な時期とみられる。とくに勝海舟との会談は西郷の思考転換の契機ともいえるのではないだろうか。西郷書翰などからみていく。

八月一日付在鹿大久保宛書翰

禁門の変直後の長州藩はまずは静謐であろう。しかし、西郷は長州征討の攻略を考えていた。吉川家や清末家の内情や、朝敵となった家臣・領民の動揺はどうか、支藩の吉川監物に本領安堵を約束すれば、本藩が孤立し攻めやすくなるだろうが、支藩が結束すると難題である、などの考えがみえる。

八月十二日付近衛忠房内務卿より久光・忠義宛書簡

長州に四国艦隊が来襲し戦争となると、長州征討と内外から大混乱となる。また、長州藩も皇国内であり、外国艦隊に長州征討させることは好ましくないだけでなく、皇国の大恥辱であると、幕府から外国を説得することを期待している。

八月十七日付在鹿大久保宛書翰

禁門の変の薩摩藩への褒賞は、続く長州征討の志気昂揚のために実施したが、久光の叱責により早まった失策と弁明している。長州征討を外国艦隊の攻撃を要請するとなれば、人心の失望や朝廷の権威は失墜する。幕府のこの政策は後

大久保利通（キヨソネ画）

難となると危惧しただけではなく、幕府は長州征討によって長州藩を潰し、勢威回復の機会とする意図がみえている。

九月八日付在鹿大久保宛書翰

禁門の変の功績褒賞を禁裏守衛総督の慶喜が実施したことは、朝廷を中心とした政権づくりと、幕府から嫌疑をかけられた。また、長州征討の朝命を総督の名で諸藩に令達したことから、幕府と慶喜の協調がくずれた。

本書翰で、長州征討や今後の政治情勢を勘案すると軍艦購入が第一であり、琉球産物提供による六カ年年賦計画を提案。西郷は長州征討の準備を固めながら、独自の藩強化策を展開する策を大久保に伝え、軍艦購入策の重要性を強調している。幕府は征長の大問題をかかえながら、総督さえ決定できないとなげいている。

九月十一日付勝安房宛書翰

西郷は長州征討の体制づくりに混乱する幕府と消極的諸藩の動きのなかでどのように対処すればよいか苦悩していた。福井藩士の勧めもあり、勝海舟に相談の問合せをしたのがこの書翰である。会談は十五日に大坂で実現した。

▼**禁門の変の功績褒賞**　褒賞は朝廷より、御所にて藩家老を召し、褒賞の品々を渡す予定を、慶喜が総督から渡すべきと申し上げ、実施したことを西郷は拙策といっている。

▼**勝海舟**　一八二三〜九九年。諱は麟太郎、義邦、安芳、号は海舟。父は小吉、旗本。一八六〇(万延元)年咸臨丸で渡米、帰国後軍艦奉行並、戊辰戦争時は軍事総裁。早期停戦と江戸城無血開城を実現。山岡鉄舟・高橋泥舟とともに幕末の三舟と称された。

▼**会談の経緯**　征討副将をつとめる福井藩藩政も混乱し、諸藩を統率するには問題があることを福井藩士(堤正誼・青山貞)が西郷に伝え、福井藩・薩摩藩両藩協力で勝海舟との相談にいたった。西郷は九月十一日吉井友実とともに大坂にくだり会談を待った。

勝海舟

九月十六日付在鹿大久保宛書翰

勝海舟との会談の詳細が知られる貴重な書翰である。勝から奸吏横行の幕府の内情を打ち明けられ、西郷は「まことに手の付け様もこれなき形勢」と感じた。その後、本題で指導を受けた西郷は勝海舟を「はじめて面会した時に驚く人物と推察したが、実際どれほど知略に優れた人物か推察しえないとお見受けした。英雄肌の人であり、今では勝先生の人柄と知識の深さにたいへん惚れてしまった」と、褒めたたえている。

西郷は難題の「摂海(大阪湾)へ異人相迫り候時の策」について尋ねた。勝の回答は、外国人と幕吏の信頼はなく、協議を受け入れないだろう。この時期に四、五人で諸侯連合をつくり、外国艦隊を打ち破る兵力を備え、横浜・長崎を開港し、摂海については筋を立て条約を結べばよいと述べた。西郷はこの回答をえて、「実に感服の次第」と感激している。また、幕府が諸大名の離間策をとるであろうから、幕府政治ではなく、将来的には朝廷と諸侯連合政権による「共和政治」の国家体制を提案した。そして、現状打開策として、共和政治を究極の国家政治形態としながら、勝の教えのとおり究極の目的と目前の目標を認識して自藩の富国強兵の実現を痛感した。激動する時局を乗りきるための軍艦購入を企図していたが、躊躇していた生糸などの買占めを断行し、軍費調達の手立てとすることを決意した。方法と金額についても、琉球・薩摩産品と銅・生糸交易を藩蒸気船で行い、資金二万両を一〇万両ほどに拡大して買占め、「のるかそるかの仕事」をするつもりであると大久保に伝えている。西郷が勝からえた情報は、西郷の今後に思想や行動で開花することになる。とくに長州征討では外国艦隊の軍事介入を許してはならない、外国勢力から日本の独立を守ることが重要だとの意識に変化した。島津斉彬の遺志である国際社会での国家とは、産業を興こし、軍備をもってはじめて国家といえる。この時期、勝との会談でえた知識や情報は西郷にとってどれほど貴重なものであっただろうか。

九月十九日付在鹿大久保宛書翰

兵庫開港の緊急課題を処理すべきであるが、長州処罰の件も急務であり、尾張藩主徳川慶勝の二十一日入京は、長征開始の明るい兆しとみた。薩摩藩の攻撃場所は萩表とされたが、西郷は海上からの上陸は困難な地勢と判断し、在京藩兵の半分は陸路に派遣し、国元軍勢が上陸しやすいように援軍を送ると伝えた。西郷は征討軍勢の兵力で脅し、吉川家・清末家が本藩から離反するようにうながし、分裂させることで勝利できるので、この計画のために「直接私には芸府へ飛び込み」たいと、自信を示している。これを西郷は、「長人による長人の処罰」と呼んだ。西郷は武力による徹底的攻撃から戦略を大きく変更し、懐柔策でしかも戦わずして勝利することを考えたようである。なお、長州藩内部では恭順論が大きくなりつつあった。

十月八日付在鹿大久保宛書翰

幕府の征討策が動きだすなかで、薩摩藩は攻撃場所変更上申（じょうしん）のために小松帯刀を派遣し、九月二十八日に着坂。総督就任を固辞し続けた徳川慶勝は九月二十一日に入京し、十月三日に副将・老中・大目付（おおめつけ）などと軍議を開き、征討総督受諾を幕府に十月五日に伝えた。ここで重要なことは、総督受諾にあたり、総督の権限に「全権を付与、蒸気船の使用」の条件を付し、認可されたことである。この全権付与は、幕府の思惑と現地指揮官の判断との乖離からみれば、長州処分や諸藩軍勢解兵の決定権限となってあらわれる。総督から軍事委任された西郷の斡旋・建言が施策に反映するなかで、西郷の主張に変化がみられ、この変化こそが長州処分にあらわれた。吉川監物は恭順策に従うようすがあり、藩内も禁門の変関係者の幽閉や三家老の入牢など、受け入れる要素が見受けられた。西郷は処分策が重要との思考で「恭順歎願」策▲の指示を伝えている。西郷は強硬意見から緩和に変わりつつあった。みずから恭順謝罪する姿勢を求め、「長人による長人の処罰」と内部からの伏罪、さらに藩の自主的伏罪で戦闘回避を実践しようとした。長州藩滅亡は幕府政権の回復になることを恐れ、つぎには薩摩藩がねらわれる危機となるとの判断があった。同日付大久保宛書翰で、将軍上洛(じょうらく)について国元から西郷の意見の説明を求め、帰国命令が出された。西郷は外国船が兵庫港に迫る緊迫した事情で帰国できないと弁明している。

十月十二日付在鹿大久保宛書翰

幕府は西郷の勧める恭順謝罪策とはまったく異なる武力征討策で諸藩への軍令を進めた。他藩への見せしめと幕府の権威回復の契機と考えてのことである。副総督の松平茂昭は九州に副総督府をおき、諸藩の出発を十一月五日と決め、征討軍は十一月十一日各諸藩に配置につくように命じた。参謀の地位に就いた西郷は総督軍の局面を変えられる。とくに攻め口の変更を幕府は許可しないだ

▼**「恭順歎願」策**　西郷は、徹底潰滅から緩和した処分策を考えているが、わずかに五、六万石の削減、国替えなしでは、すまされないであろうと、緩和策の断行のむずかしさを吐露している。

ろうから、「総督に得と示談」におよび、臨機対応の了解をえた。そこで、藩蒸気船を萩表の遠方に浮かべ攻略するかのようにみせながら、実質は海防のないよい船着場に上陸し、陸戦で萩口攻略を指示した。

長州処分問題の解決

十月二十二日、征長総督が大坂で軍議を開き、西郷も軍議に参加した。軍議で決定した攻撃日十月十八日（十九日説も）を、筑前芦屋(ちくぜんあしや)の藩本陣(ほんじん)の島津久敬(ひさたか)に伝える本旨とは別に、長州藩の動向を見極めたいとしているのは、吉川監物を介した長州藩への恭順謝罪策の進展を期待してのことであろう。それは、在京家老小松帯刀への書翰に詳しい。二十四日夜、総督徳川慶勝が西郷を呼び、征長への西郷の真意を問うた。そこで、西郷は吉川監物の恭順謝罪策の浸透を詳しく説き、さらに長州藩内の対立を助長し、分裂で戦意を失わせる作戦が長州藩が謝罪へいたる決断となろう、と応じた。また、幕府の逃げ場なく追い込む強硬策を批判し、帰順のために謝罪する者を賊人とすることなく、帰順こそ討伐の本意とし、藩内紛争を藩で決着させる「長人による長人の処罰」の重要性を上申した。総督は西郷の上申をすべて承知したと秘密裡に答え、脇差一振を下賜。この西郷の上申は、長州処分に大きな影響をあたえた。禁門の変の七月十九日に捕虜となった長州藩兵をも解放した。

西郷は十一月二日広島着、三日には岩国に立ち、十一月六日に吉川監物と会談し、総攻撃の時期が迫っていること、福原越後らの三家老の処分、恭順謝罪の態度を示すなど総督府の命令を伝えた。これよりさきの十一月一日、総督軍は防長四方を囲む軍勢のなか、吉川監物を山口に赴かせ、藩主毛利敬親父子に、萩城に住居すること、福原越後・国司信濃・益田右衛門介の三家老に自尽を命じること、罪を謝罪することを勧めさせた。また、山口新城を破毀すること、三条実美ら五人の公卿▲を他藩に移動させることも進言した。十一月十一日、長州家老を草津駅まで呼びだし征討を告げ、決断を迫った。十二日に国司・益田、十三日に福原に自刃を命じ、同日、四参謀を斬罪に処した。そして十四日、恭順・謝罪の道をもって、総督軍に刃向かわない旨を上申し、吉川監物は別に「歎願愁訴」を提出した。

西郷は吉川監物の尽力によって幕府の企図する総攻撃を回避し、恭順謝罪の

▼**五人の公卿**　七卿の都落ち後に、沢宣嘉は生野の変（一八六三〈文久三〉年）で挙兵、錦小路頼徳は病没（一八六四〈元治元〉年）によって五卿となる。

道をえたことに安堵したことを筑前芦屋の藩本陣参謀の家老喜入久高に書翰で伝えた。十五日、西郷は吉川監物を広島の国泰寺で幕府大小監察と尾張藩家老成瀬正肥に翌朝面会させ、広島藩にも引きあわせる手筈をとった。在広島の西郷から在京小松帯刀への書翰はきわめて重要な内容である。十一月十八日、総督徳川慶勝は三家老の首実検を終え、翌日吉川監物に首級を返した。難題の長州処分に総督府は決断力に欠け、幕府大小監察との利害得失の調整が必要となった。しかし、このまま決断が遅れれば諸藩の軍勢はさらされ費用負担が大きくなり、征長諸藩軍間に混乱も起きる。そこで西郷は処分案(六カ条)を建議し、決議を迫った。その処分案の内実は伊知地正治原案によるという。

一、毛利敬親・定広父子は落飾・隠居とし、家督は暴挙に加担しなかった清末家が相続する。

一、下之関の領地一〇万石を減封し、しばらく豊前・筑前に国替えのこと。

一、上之関・大島は豊前・筑前と同じ扱いとする。

一、長州藩が平和に解決したのは吉川監物の功績であり、大名取立てとなし、かつ毛利本家心得を命ずる。

一、長州征討がなされた印として山口新城・屋敷を破却すること。

一、宮市・三田尻は、支藩長府藩を国替えとするか、公領に召し上げる。

以上六カ条であるが、これに対して総督府は長州藩改易、吉川・徳山藩は本領安堵、長州藩領は吉川に拝領されれば人心が安堵すると主張した。総督府の考えを幕府に提案して承認をえたのちに、総督軍・諸藩兵を解散するならば、幕府は許可しないであろう。西郷は解兵権は総督にあり、早期解散こそが諸藩軍の負担軽減の急務であるとの考えから、解兵を主張した。また、総督は吉川に、五卿の差出し、山口居城の取壊しの二カ条を本日通達するつもりであった。総督は軍勢引払いを望み、吉川と詰め、十分見込みがあるとの回答をえた。西郷は、難問山積、とくに毛利敬親父子の処分は幕府の裁断を待つべきであるが、処分によっては過酷の処置とならないように薩摩藩主島津忠義からも働きかけて、長州藩が薩摩藩への信義を失いかねないように強く要望している。

十一月二十日付の筑前在陣大目付島津久敬宛西郷書翰では、十五日に三条実美以下五卿が山口から長府功山寺に移されていたとある。五卿を擁して暴挙党が挙兵するとの噂もあり、総督府より筑前藩主に五卿方を説得させ、移転を承諾しなければ救う道がなくなるので臨機に対応しなければならないと主張している。十九日付書翰後に岩国藩士香川諒が長州諸隊の新情報の報告に訪れ、西郷がその対策と今後の対応を小松に二十一日付で連絡した書翰がある。そこには、広島在陣の救応隊一〇〇〇人を筑前芦屋本陣に合流させ、長府で暴挙ある時は対処できる手立てをとりたいと、藩蒸気船二艘派遣を要請し、みずからも小倉へ出かけている。五卿と暴挙党は萩勢力を味方に吉川監物を滅ぼすとの風説もあるが、暴挙党は浮浪士百五、六十人、ほかは長人であり、救応隊・本隊で対処することができる。なお、幕府より筑前藩への達書には、五卿を筑前黒田・肥後細川・久留米有馬・薩摩島津・佐賀鍋島の五藩預けとする命令が出されている。

西郷は幕府の対応は五卿や支持勢力の納得がえられないのではと懸念し、また、総督とは考えの違う副総督松平茂昭との協議説得の必要があり、十一月二十三日に会見し、同意を求めた。十一月二十五日付の大久保宛書翰は、この間の長州問題の経過報告となっている。西郷は、萩本藩・岩国・徳山は三家老の首を刎ねたことからも暴挙党に与することはない、また肥後・越前両藩は無条件降伏の開城・束縛(面縛)主張の征長強硬論であったが、諸藩兵疲弊、官軍内部の混乱などは征討の成功が覚束ないとの現実を説くと同意した。この開城・束縛を広島で吉川に幕府大監察永井尚志が申し渡した時に、永井の顔が青ざめたと「越前藩小倉滞陣日記」▲にある。解兵の全権は総督にあり、幕府では即刻対応はできない。長州藩主継嗣は禁門の変に出兵しなかった清末家に決定し、吉川監物の功績は大きく大名取立てとする。西郷の恭順謝罪の和平工作は信念といえる。

この十一月二十五日付の書翰の重要な一面は、西郷が長州問題で困難をきわめている最中の帰藩命令であったため、長州問題の遂行は西郷の独断とされることから、大久保をとおして藩主茂久・久光に詫びを入れ、了承を求めたものといえる。西郷は五卿移転の決着が征長軍解兵につながると考え、みずからが下関に渡って反対派を説得につとめた。西郷の安全のために吉井・税所が同行して十二月十一日に下関訪問が実現したが、単身敵地への乗込みを恐れず、五卿移転反対の奇兵隊▲以下の諸隊長と会い説得に成功している。▲

また、筑前藩月形洗蔵が長州に参り、働きかけた結果、五卿の承諾をえて、

▼**「越前藩小倉滞陣日記」**　同史料には総督が西郷に同じ質問をし、西郷は開城・面縛の命令であれば、「始めより周旋も談判も無用」と答えるなど、会見のようすや西郷の意見を詳細に記録した貴重な史料である。

▼**奇兵隊**　一八六三(文久三)年長州藩高杉晋作によって組織された藩士と藩士以外からなる混成部隊。奇兵隊以外に同様の部隊が編制され、長州藩諸隊の総称となる。

▼**西郷が敵地に乗り込む事例**　他にも次のような事例がみられる。(1)八月十八日の政変後の不穏な動きの在京長州藩邸に説得にいきたいと望むが、久光の反対で実現せず。(2)禁門の変後の不穏な長州藩地に説得にいった。(3)五卿の待遇改善に筑前藩に説得にいった。(4)朝鮮使節派遣、朝鮮国に使節として派遣を望む。

筑前黒崎への移転が決定した。三条実美から筑前藩主黒田斉溥宛書翰は月形・早川勇に渡され、長州処分は寛大な処置であり、「(五卿移転)御周旋これありたく候、宜しく相含み尽力頼み入り候」と、筑前侯への信頼が読みとれる。月形らが十二月三日に功山寺に五卿を訪問していたこともよい結果につながったといえよう。五卿の移転問題が解決となれば、山口城破却見分は幕府大小監察と決まり、これにより解兵内決となろう。西郷は十一日下関訪問、十二日に小倉に帰り、下関での交渉結果を副総督に報告し、十五日には税所と岩国に出発、二十日に吉川と会見し長州藩の鎮定を要請し、二十二日に広島に帰着した。

総督は長州藩伏罪確認のため自藩家老や幕府目付を派遣、十九日に山口城破却を、二十一日には毛利敬親の謝罪を確認した。二十七日、総督は解兵のための三条件のうち、五卿移転は実現していなかったが、同日の西郷の報告を勘案した結果、ただちに諸藩の撤兵を命じた。十二月二十三日付在京小松宛には、五卿移転も解決し、総督へ解兵を申し入れること、五卿受取りの見込みが立ったことを述べている。この報告が総督に達し、西郷の和平工作の成功をもって解兵通知がえられることになった。

③ 幕府の長州征討

幕府の露骨な強硬策

第一次長州征討は解兵をもって戦闘なく終ったが、幕府にとっての長州藩処分問題は残されていた。征長総督徳川慶勝は西郷の意見を容れて、毛利敬親父子の隠居剃髪・永謹慎、封地一〇万石削減、三支藩家の処分を一八六五(慶応元)年元旦に幕府に具申し、四日には広島を発した。幕府の長州征討は長州藩を徹底的に潰滅させ、幕威回復の絶好の機会と考えていただけに、具申案は受け入れないものであった。五日には幕府の使者が総督宿舎を訪ねて、毛利父子および三条実美ら五卿は江戸護送、諸藩の兵は周防境で待機を命じる命令書を渡すことになっていたが、四日に総督は広島を発していたので、途中での伝達となった。

幕府は総督に毛利父子・五卿召喚を命じたが、総督は断わった。さらに解兵は総督の全権と主張したが、この幕命に加え、長州処分は江戸で裁可するので入京せずに上府することが幕府から命ぜられた。朝廷もまた報告参内を求め、両者の板挟みの総督は十六日着坂したが、しばらく滞坂した。結果的には上府はせず、二十四日入京した。二十七日参内し、詳細を上奏し、二十八日幕府は総督に毛利氏護衛の出兵を再三命じたが、毛利父子の江戸召喚は禍乱のなかでは困難と猶予を求め、三月末毛利父子は帰藩した。

薩摩藩では長州藩の寛大処分実現のため、大久保利通が吉井友実・税所篤を同伴し、正月二十六日鹿児島を出発、筑前で五卿斡旋、▲久留米藩で国事尽力を説得するなどをへて二月七日入京した。幕府の強圧をおさえ、朝廷権威を伸長するための上京であった。在京の小松帯刀・岩下方平とともに、幕府の暴挙である毛利父子および五卿の東送と参勤交代の復旧を問題とし、両老中の入京を求める厳しい朝命をくだし、諸策を停止すべきと中川宮朝彦親王や近衛父子に建議している。将軍は問題ないが、老中や執政に天保以前の幕政に戻そうとの心得違いがあるとも指摘している。

一八六五年二月七日、幕府の露骨な強硬策が実施された。阿部正外・本荘宗秀両老中が歩兵一〇〇〇人を率いて入京し、慶喜を罷免し、会津・桑名二藩の御所門警衛を解いて、幕兵の守衛に変えた。兵庫開港のための兵力であり、

▼五卿処遇の斡旋　筑前藩は五卿厚遇の約束をしていたが、幕府の手入れを恐れて態度を一変した。西郷は五卿優遇斡旋のために筑前に赴き老臣を説得、五卿は大宰府に入った。幕府は五卿の江戸召命を通達したが、五藩は協議し、五卿処分は全権の総督の裁量でなされたことで幕府の干渉外であるとし、総督から幕府へ五卿の江戸護送猶予が要請された。西郷は、筑前藩は五卿対応に問題があり、五卿が幕府の策謀で捕えられることがないように、大宰府の五卿守備隊を一、二隊増援し、薩藩の信頼を守ることが大事と伝えている。

朝廷工作費用三〇万両も準備していた。両老中は二十二日に参内したが、関白(かんぱく)二条斉敬(にじょうなりたか)より率兵入京の理由、慶喜・慶勝帰府命令の理由、朝廷が長州処分のために将軍や総督に協議を命じているのに、将軍入京の遅延や幕府が勝手に総督に毛利父子・五卿の江戸護送を命じた理由を詰問された。両老中は弁明に窮し、阿部老中には将軍入京の督促のため江戸帰還をさせ、本荘宗秀には摂海(せっかい)警衛のため大坂に向かわせた。二条関白は毛利父子江戸護送の詰問に詰まり、朝命で停止するまでにはいたらなかった。大久保は、朝命での停止ができなければ幕府は今後いかなる暴令を発布するだろうか、国威も消滅するとの危機観をもって、二条関白・公卿(くぎょう)へ重ねての建言であっただけに、聞き入れられたことで危機を回避できたとの思いであった。大久保は朝廷周旋のために二月七日に入京していた。

二月二十七日には総督が参内し、毛利父子伏罪や長州征討の始末書を上奏、幕府にも始末書を提出すると朝廷に上奏した旨を伝えた。関白から長州処分の上奏は総督ではなく、将軍からなされるべきである旨があったと報告している。この時点での幕府権威昂揚策は朝廷からおさえられた。

長州再征に向かう幕府軍(『長州再征軍進発図』部分)

三月二日に武家伝奏より所司代に毛利父子・五卿の江戸召喚の猶予、参勤交代は文久二年改革に復すこと、将軍は上洛したうえで国是を評議することの三カ条の朝旨が伝えられた。

長州再征令

三月十六日、幕府は長州鎮静により親征しないとの令を出したが、四月一日には長州再征令を発した。十四代将軍徳川家茂は五月十六日京都に向け出発。六月七日の幕府艦隊の屋代島砲撃で長州再征は開始され、一八六七(慶応三)年正月二十三日の幕府による征長休戦の勅許の布告までを長州再征または第二次長州征討と呼んでいる。

長州再征令発布の理由は、総督が西郷の意見を容れ解兵したのは問罪征討の実績をあげられなかったからであるとし、京都守護職の松平容保・所司代松平定敬もまた同主張であった。西郷はこの将軍の進発について、これを契機に動乱となり、徳川氏の衰退が決まったようなものだといい、「天下のために雀躍」と喜んでいる。

坂本龍馬

▼**坂本龍馬**　一八三六〜六七年。土佐藩郷士出身、変名才谷梅太郎。一八六一(文久元)年結成の土佐勤王党入党、六二(同二)年脱藩。六五(慶応元)年亀山社中を組織後に海援隊設立。一八六六(慶応二)年薩長同盟に尽力。翌年暗殺される。

将軍は五月十六日に江戸を進発、閏五月二十二日入京し、長防の処置を上奏、二十五日大坂で軍議を催している、長州藩激徒再発・外国より武器購入・密貿易検使。朝命の将軍入京は長州処分の評議のためであったが、幕府は長州再征とのゆがめた判断をした。

薩摩藩の対応と幕府離反

西郷は筑前藩月形洗蔵に四月二十五日付で、諸藩に長州再征への軍勢督促があるだろうとしながら、薩摩藩は加担しないと述べ、幕府と長州藩の私闘であり、薩摩藩は長州再征を拒否する意志を示している。西郷は四月二十日に京都を発ち、二十五日大坂へ出帆、藩論をまとめるために小松帯刀・▲坂本龍馬同行で帰藩した。

西郷の帰藩で、五月二十一日に大久保が出発、閏五月十日入京した。十三日晩、得能良介・税所・吉井と協議し、中川宮・近衛父子らに朝命による再征の将軍進発停止を建議した。この間、大久保は五月十二日付書翰で長崎出張の伊知地正治に対し、汽船・小銃ミニヘル銃購入や幕府対策の要務を伝えている。

幕府の長州征討の再挙は面白き芝居で楽しみである、「彼は彼、我は我にて大決断策」を用いると幕府との対峙を決断している。汽船購入は上海において貿易で利益をえる手段とし、大決断策とは、幕府の長州再征の失敗による人心離反と政局の急変に対処するため藩の軍備を整え、緩急の対応可能な富国強兵策で藩政改革を断行し、朝権の拡大・王政復古をめざすという意志であった。さらに、大久保は閏五月二十七日付書翰で、朝廷の軟弱ぶりから、藩は軍備充実のため軍艦注文にかえる必要があると在藩の小松に報じている。

西郷の蓑田伝兵衛宛六月十三日付書翰では、イギリス公使パークスや同東洋艦隊司令長官一行の訪問に非礼がないように喚起している。一行は十七日に来訪、薩英戦争で開国和親に転換した藩論と幕府との対立がはっきりした時期でもあり、イギリスとの接近は藩当局の望むところであったが、領民の対英感情には藩主も配慮している。

岩下方平同行の中岡慎太郎▲が来藩し、中岡は西郷に薩長協和を説いた。西郷は承諾し上京時に下関により、中岡を介して長州と協議の予定で閏五月十五日出発したが、大久保から至急の上京を求められ、よらずに二十三日入京した。

▼**中岡慎太郎**　一八三八〜六七年。一八六一(文久元)年土佐勤王党、脱藩志士。禁門の変、下関戦争を長州藩側で戦う。龍馬とともに薩長同盟に尽力。

六月十一日付大久保宛書翰で西郷は、藩は手出ししないで幕府にやらせるべきではないか、また、幕府軍を阿呆隊と呼び、談判は困難との意見を述べ、会って話をしたいとしている。両人ともに在京であった。

七月二十八日、在藩の西郷から在京の大久保宛に、広島藩主浅野茂長が長州を説得すべしとの建言をしたが、小笠原長行が無視し出兵を命じたことに「少し角を立て」ていると伝えている。八月十三日付書翰で西郷は、幕府の長州再征の混迷ぶりは一部の上層部の密議でなされ、軍議の次第がわからない、幕府だけで戦う能力もなく再征はまったく大義名分がない、諸藩の応援があるとの判断も読み違えていると分析している。八月十八日付書翰で、老中阿部の諸藩出兵の口達命令は書面でなければ藩上層部に連絡ができないが、幕府は書面回答を困難とし、朝命も難題、条理だけでなく、勢いも失っては征討は困難である、とする。このような幕府の混迷は、西郷も見限るしまつであった。将軍は長州再征の勅許をえるため、十五日大坂を発し二条城に入り、十七日にも参内予定であったが、勅許がえられるか不明のため、病気と称して二条城にとどまった。

九月二十日夜、朝議があり、薩摩藩の主張する列藩会議を開催して国是を決定すべきとの発議に慶喜が反対し、外交問題は幕府の手によって解決すると主張するとともに、長州再征の勅許を要請し勅許の内定をえた。二十一日、将軍も参内し再朝議の結果、長州再征の勅許が発せられた。

大久保の調停工作を含む薩摩藩の列藩会議主張は敗れた。ここに薩摩藩の反幕府は決定的となった。二十四日、西郷は大坂を発ち帰藩して久光に報告、京都留守居吉井は伊達宗城を説得のため宇和島へ、大久保は越前に赴き松平春嶽に説き、幕府に対抗する善後策として列藩連合によって幕府をおさえる策を実行に移した。

九月二十六日、松前崇広・阿部両老中は勅許をえずに四カ国公使に兵庫開港を約束した。慶喜は両老中をせめ、将軍は両老中を辞職させ、板倉勝静を再度任用した。ここに幕閣と慶喜との離反がみられた。十月五日、勅許で横浜・長崎・箱館の開港および兵庫の開港が禁じられたが、イギリスには一〇日間後に勅許するとした。四日夜、慶喜の懇奏により朝議が開かれ、近衛忠房はふたたび薩摩藩主張の列藩会議を招集するも紛糾した。慶喜が強硬に反対し、即時条約勅許と兵庫開港はしかたがないと主張した。忠房は薩摩藩に意見を求め、藩は建言書を提出したが、幕府は主張をまげず、在京三〇余藩に意見を求めた。薩摩藩は留守居内田正風が参席し外国公使への諭旨退去を主張したが、多くの藩は勅許を認めた。薩摩藩の主張する条約勅許延期論は敗れた。薩摩藩の長州再征反対、条約勅許延期、列藩会議開催、国是決定の主張は幕府の圧力の前にくずれ、反幕的意識が激しくなり、長州との盟約、討幕運動へと展開していく。

長州再征

長州再征の勅許▲は九月二十一日に発せられた。十一月三日、将軍は京都を発ち(四日)大坂にいたる。七日、幕府は大目付永井主水正・目付戸川鉾三郎・松野孫八郎を広島に派遣して毛利氏の使者宍戸備後助を審問し、宍戸は藩主父子の謹慎待罪の書を提出した。

一八六六(慶応二)年正月二十二日、幕府は毛利父子退隠・蟄居、一〇万石削封などの長州処分案を上奏し、勅許をえた▲。

二月二十二日、老中小笠原長行が広島に到着、毛利父子・三支藩主・吉川監

▼**長州再征の勅許**　十月十二日の勅命で、将軍が病のため慶喜を名代として諸事指揮および防長処置が命ぜられた。

▼**長州処分の勅許**　この件については、一月二十二日薩長盟約が成立(四八ページ参照)し、大久保は近衛忠房に幕府へ勅許しないように進言していた。

物を召喚したが、四家ともに病と称して出頭せず、各家臣を派遣して命を受けた。小笠原は四家の家臣を召喚し、毛利敬親蟄居隠居、毛利定広永蟄居、一〇万石上地、三家老家名断絶、清末家の小児毛利家相続の処分を伝え、六月五日を総攻撃と発令した。

この間、薩摩藩にも出兵の内命があったとみえ、大久保が家老島津広兼・岩下方平らと積極的に画策している。薩摩藩は四月十四日・十五日に藩主茂久が留守居木場伝内の名で「薩摩藩出兵拒否の建言書」を大坂城に登城し提出させた。もちろん茂久の承諾をえての内容であるが、書面作成には大久保が強くかかわっていた。拒否の理由として、長州藩処分は一昨年総督が毛利父子伏罪を認めて総督軍を解兵しているにもかかわらず、長州処分の協議のための将軍上京の朝命にも従わず、容易ならざる長州再征を企てている。征討は天下の重典、国家の大事、大義名分なく兵器を振りまわすのは難題である。たとえ出兵命令があってもお断わりするのは止むをえないこととした。

七月九日付の藩主茂久・久光の朝廷への建白書▲には「内政を変革し、皇国を起すの大策」が急務であり、長州再征と称して出軍するのは不審であり、大乱

▼**朝廷への建白書**　七月付の「長州再征に付き出兵を断る文案」は、西郷自筆の原本が一九二六(昭和元)年に発見され、同書の草稿と考えられる。また、七月二十七日付木場伝内の出兵拒絶の建白書の草稿でもあろう。幕府は建白書に出兵催促の付箋をつけて返却したと思われる。

になるやも知れないと出兵拒否を示している。七月十七日、薩摩藩は禁裏守衛のための軍勢を京師に派遣することを幕府に届け、取りあえず一隊派遣のため蒸気船二艘を摂海へ入港させるとした。二十日伊知地を京師に派遣し、二条関白に長州再征の非を呈し、長州の寛大なる詔を要請した。二十二日、西郷・大久保は公卿に長州再征の非を説き、安芸藩もまた長州藩の冤罪を訴え、加賀藩以下三一藩も救済をはかった。

七月二十五日、薩摩藩は以前に長州再征出兵命令に拒否の意見書を提出していたが、それに対して幕府は、再征拒否は朝旨に叛くことであると批判し、出兵を命じてきた。これは幕閣板倉勝静と大久保の交渉であり、書面に「至公至平の御沙汰こそ朝命幕命」であり、大義名分もないことを主人久光から受けがたいと命じられていると大久保は訴えた。板倉は賀陽宮に薩摩藩出兵拒否は大久保の一存であり、島津父子の意ではないとした。幕府は薩摩藩出兵辞退を撤回させることの交渉を勝に命じたが、勝は大久保・岩下・内田の薩摩藩要人に会って薩摩藩が出兵しないのは至当であるとし、高家中条信礼も薩摩藩の主張に他意はないとした。

戦況

六月七日、幕府は長州再征を上奏して、九月二十一日勅許された。先鋒総督徳川茂承（紀伊中納言）が広島に到着し、長州藩を包囲した。同日、幕府艦隊の屋代島への砲撃で始まった（大島口の戦い）。薩摩藩の記録によれば、幕府軍・松山藩兵は海路長州の大島軍に迫り砲撃し上陸したが、攻防の末、長州水軍がこれを撃破した。幕府軍・紀伊・彦根・高田各藩が十三日芸州口より攻撃したが、長州の待ち伏せにあい、挟撃され敗走した。長州軍勢は広島戦線でも勝利し、幕府軍を退け大野に陣をえた。ただし安芸藩は幕府の出兵命令を拒否していた。

十六日、因幡・松江・浜田・福山各藩が石州口より攻撃したが、長州軍の大村益次郎指揮により反撃され、十八日には浜田城（城主慶喜弟松平武聰）が陥落、津和野城主は中立的立場をとった。石州口の幕府軍は、長州軍勢に敗れ浜田城に退くが、津和野城主亀井氏が長州に通じ、浜田城は落城、石見一国は長州支配下となった。十七日、肥後・柳川・小倉各藩は、小倉口より攻撃。先鋒総督小笠原長行が指揮し、高杉晋作・山県有朋指揮の長州軍と関門海峡を挟んで赤間関を襲来しようとしたが、戦闘が長期化した。二十七日の赤坂・鳥越の戦いでは肥後藩の参戦で攻防逆転もあったが、先鋒総督小笠原の消極姿勢に嫌気がさして、肥後藩は撤兵帰藩した。小笠原も将軍家茂薨去を理由に戦線を離脱し、小倉城に火を放ち撤退した。幕府の敗北であった。

　幕府は七月に将軍が大坂城で薨去したが喪を公にしなかった。徳川家督相続と再征総督を慶喜にと上奏し、朝議は許可した。八月二十日喪を発し、再征の進撃を停止させるため勅命をもらった。慶喜の意を受けた軍艦奉行勝海舟は、単身で長州広沢真臣・井上馨との会談に臨み、九月二日宮島で幕府の解兵を告げ、長州軍勢解兵を要請し、停戦合意をえて実質的に長州再征は終った。この長州再征の失敗で幕府の威信は失墜した。慶喜将軍職就任は十二月五日。二十五日、孝明天皇は天然痘で崩御した。

薩長盟約

　薩長両藩融和の発端は長州征討における西郷の斡旋、五卿問題に関する薩摩藩の周旋である。これまでの対立関係に大きな転機となったのが長州征討であ

木戸孝允

▼木戸孝允　一八三三〜七七年。桂小五郎、藩主から木戸姓をもらう。長州藩士。一八六六(慶応二)年の薩長盟約締結や、版籍奉還、廃藩置県に功績。岩倉外交使節団に参加。西郷・大久保とともに維新の三傑。

った。総督は征長について将軍より全権委任を受け、征長軍に対する軍事指揮権を掌握し、その展開過程は幕府の統制下より離れ、無血説得および早期解兵路線を実現した。この功績は決断した総督と建言者西郷によるもので、長州藩にとっては寛大な処置の結果が薩摩藩との融和の契機となった。逆に幕府の不満、長州再征の端緒ともなっている。五卿対処問題でも薩摩藩の厚遇尽力は薩長関係改善に効果があったといえる。

さらに、坂本龍馬が薩長融和の必要性を強く説いた。一八六五(慶応元)年閏五月十五日、西郷が長州再征を藩地で協議のため帰藩の際に坂本龍馬を同行した。薩摩藩でも長州征討で幕府勢力回復の策謀に疑念をいだき、今度の長州再征の暴挙を阻止する藩論に決した。また、閏五月来藩した中岡慎太郎の仲介で、西郷は木戸孝允▲との会見のため佐賀関に寄港したが、大久保からの至急の上京要請によって木戸との会見の機会は失われた。その後、中岡は六月下旬入京、西郷に長州藩への兵器購入斡旋を依頼し、西郷も承諾した。薩長融和に果たす土佐藩士および脱藩藩士の役割も見逃せないものがある。長州藩は井上馨・伊藤博文を長崎に派遣し、兵器購入の任にあたらせ、七月小松から薩摩藩の名義を借りて、イギリス商人グラバーよりゲーベル・ミニヘル銃の新式小銃七三〇〇挺を購入した。井上は七月末に鹿児島を来訪し、桜島にて家老桂久武・伊地知貞馨に会し、武器購入斡旋の謝礼を述べ、両藩提携を談じた。十月十七日、薩摩藩の名義を借り三万七五〇〇両でユニオン号の購入契約(薩摩藩名桜島丸)がなされた。木戸は同船購入が長州海軍の興起であり、小松の協力なくしてはありえなかったと龍馬に伝えている。ユニオン号の所属で紛糾したが、最終的には長州藩の所有に帰し、乙丑丸と船名をかえた。毛利父子の島津父子宛九月八日付書翰に、昨年中は長崎丸砲撃事件など貴藩に迷惑をかけ胸を痛めているとし、薩摩藩の最近の援助に感謝するとともにこれまでの疑念がまったく氷解したと謝している。

西郷は上京藩兵の兵糧米を鹿児島から搬送するより下関で購入することを坂本龍馬に依頼し、長州藩の快諾をえて、両藩の交易経済関係でも緊密な関係が醸成されつつあった。十二月二十六日、木戸一行は黒田清隆とともに山口を発し上京、一八六六(慶応二)年正月八日伏見にいたった。西郷・村田新八▲の出迎えを受け二本松薩摩藩邸に入り、藩邸では小松・桂久武(家老)・西郷・大久保

▼**村田新八**　一八三六〜七七年。父は高橋八郎、村田十蔵の婿養子。一八六二(文久二)年久光率兵上京の折、下関待機の命令に違反したことで西郷とともに流罪。岩倉外交使節団に参加。明治六年の政変で帰国、私学校では砲隊学校を指導監督。西南戦争では第二大隊長。

が応接した。桂は挨拶を交わした程度で木戸を認識していないようである。一〇余日滞在したが薩長盟約の核心にふれる談合はなされなかった。

龍馬の活躍

『桂久武日記』で気になるのが、桂久武は上京途中の一八六五(慶応元)年十二月十三日に坂本龍馬と上関で会うことになっていたが、会えなかったという。龍馬と三吉慎蔵は正月十八日大坂薩摩藩邸にいたり、留守居木場伝内より薩摩藩の船印を借り、薩摩藩人と称して入京の準備をし、十九日龍馬一行は薩摩藩川船印を建て伏見へ通船、伏見の船宿寺田屋に到着した。

二十日龍馬入京。上京した龍馬は、木戸に薩摩藩との話し合いはどうなったかと聞いた。それについて木戸が「一も誓約するもの無し」と答えると、龍馬は非常に怒って、自分が両藩のために奔走しているのは天下の将来を思ってのことで、西郷・木戸の両者のこれまでの面子にとらわれている場合ではない、なぜ本心をさらけだして天下のために話しあわないのかと迫った。それに対し木戸は、「そうではあるが、長州は天下の危機を傍観できず、これまで一藩の命運を顧みず働いた。その結果長州は天下に孤立することになった。今日の薩摩は朝廷・幕府に重んじられ、公然天下に重きをなしている。四方に敵を迎え死地にある長州が、今口を開いて薩摩を誘うのは、あたかも助けを求めるに似てとうていできない。薩摩が国家のためにつくすのであれば、長州は滅んでも天下のために喜ぶべきだと思う」というと、龍馬もこれ以上あえてせめなかった、という。

二十三日、龍馬は伏見の寺田屋に帰る。「三吉慎蔵日記抄」では、二十一日に木戸孝允・西郷隆盛の盟約が成立した経緯を龍馬より聞いたという。ただし、三吉は二十日から二十四日まで寺田屋に潜伏し、盟約締結には立ちあっていない。龍馬は二十日上京し、同日は発熱で眠れず、二十一日に木戸と会談、二十二日に薩長盟約が締結▲された。

薩長盟約の内容

ここで盟約の内容を確認しておこう。

一、長州藩が幕府と開戦となった時に、薩摩藩は軍勢二〇〇〇人を派遣し、

▼**薩長盟約の締結**　芳即正は三吉の二十一日会談では結論がえられず、翌日締結となったとする。龍馬の「手帳摘要」の「二十二日桂、小(小松)、西(西郷)三氏会」を根拠としている。薩長盟約の締結を正月二十一日とする説もあるが、正月二十二日が有力といえる。

京都と大坂に各一〇〇〇人の軍事態勢を固める。

一、長州藩が優勢の時は、薩摩藩は朝廷に冤罪をはらすために尽力をつくす。

一、長州藩が劣勢であっても一年や半年は潰滅することはないので、この期間に朝廷に冤罪をはらすことに尽力する。

一、幕府兵が東帰する時は、長州藩の冤罪を朝廷に働きかける。

一、一橋(ひとつばし)・会津藩・桑名藩が朝廷を擁して薩摩藩の周旋を遮断するなら、決戦におよぶ。

一、冤罪が認められたら、長薩両藩は皇国皇威回復のために尽力する。

第一条から第五条は幕府や慶喜らの行動に対して、薩摩藩の対応を決めたもので、第六条は薩長両藩の行動規定となっている。長州藩のために薩摩藩が尽力する。盟約の主体は尽力であるが尽力とは何か。長州藩の冤罪(すべては八月十八日の政変が発端)を朝廷に働きかけることである。この内容では軍事的同盟とはいえないが、長州再征が実践されても、薩藩は参軍しないし、逆に京都・大坂に出兵し、幕府に圧力をかける点で具体的援助といえる。

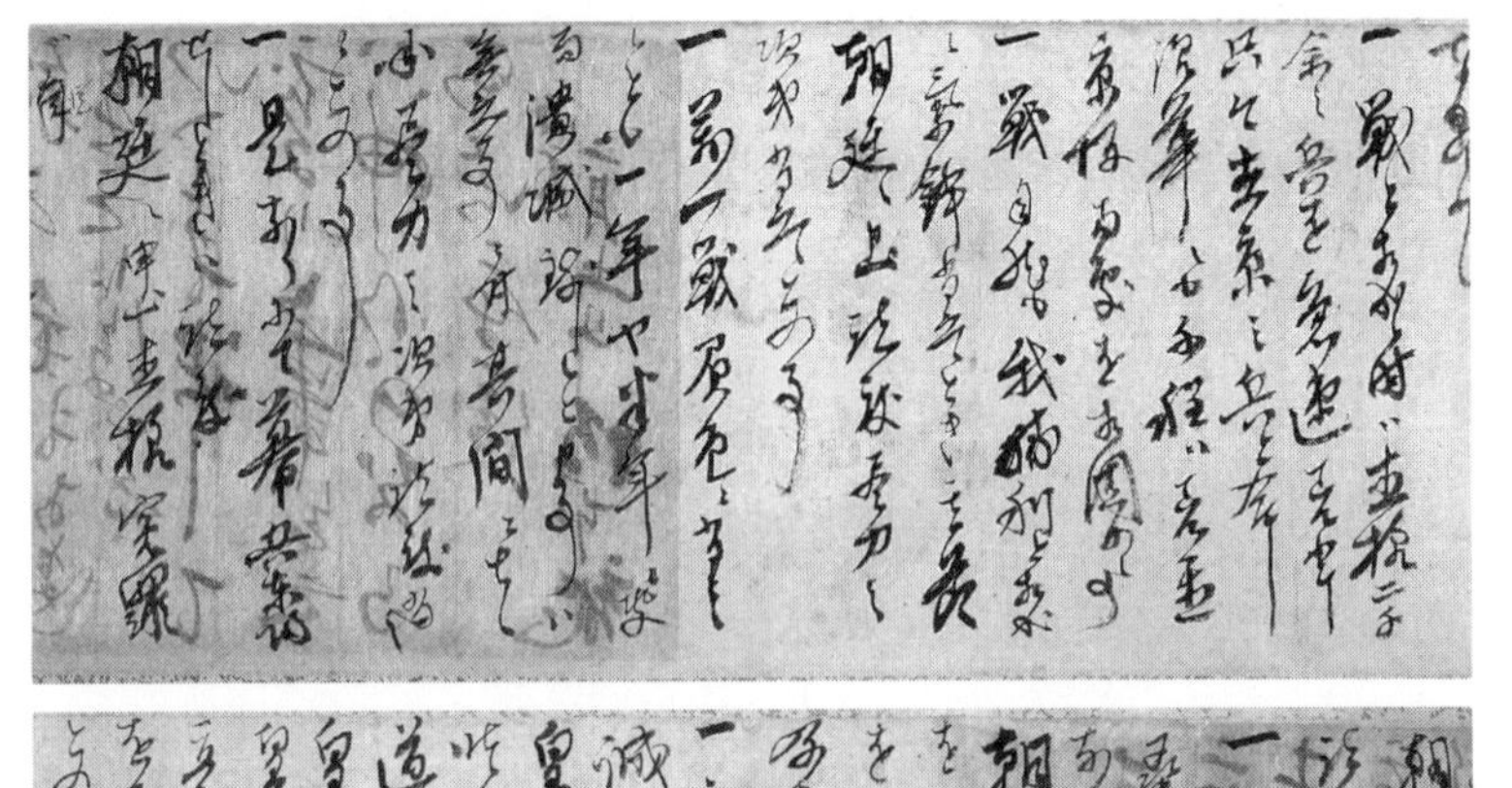

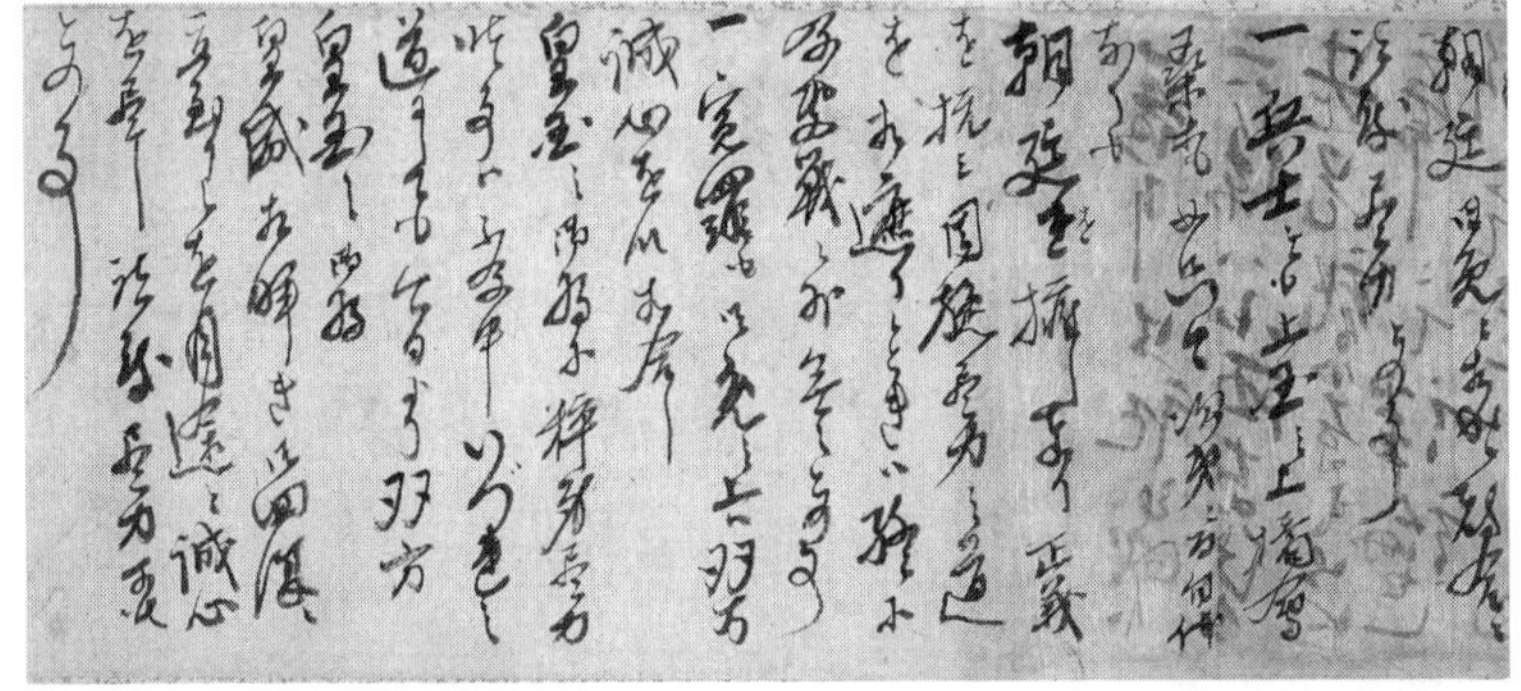

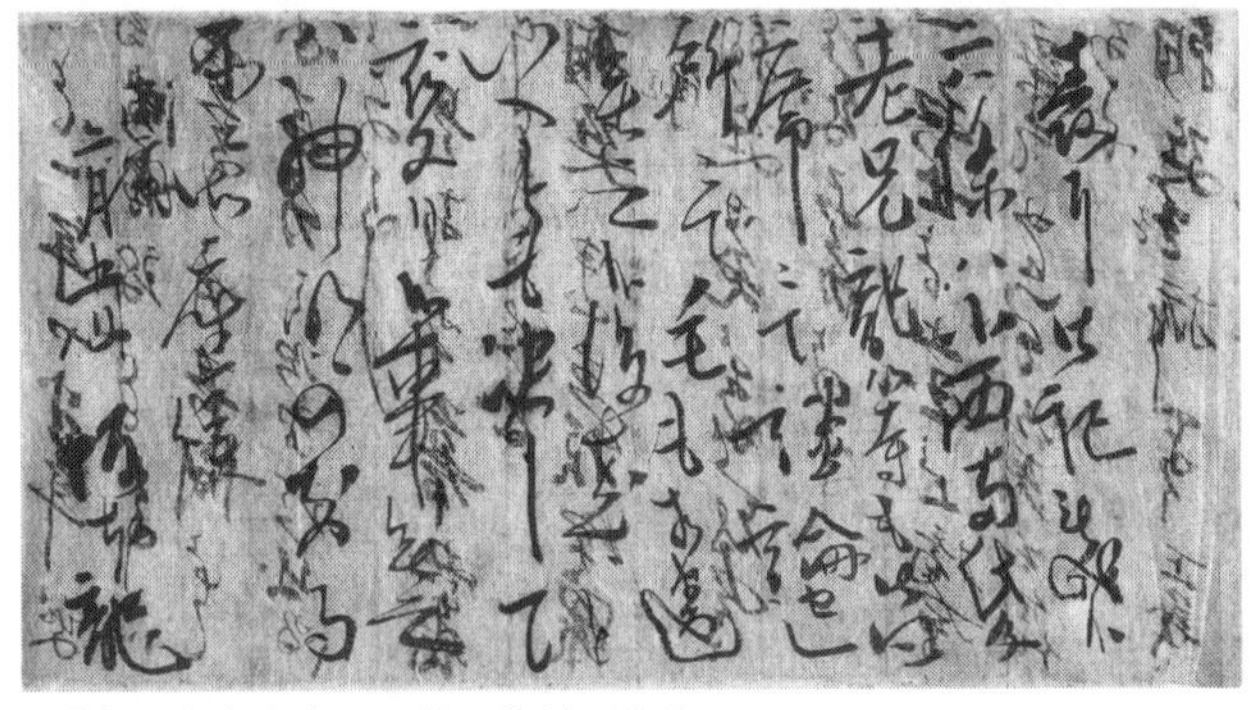

薩長盟約(部分，「木戸家文書」)　下段は龍馬の裏書。

薩摩藩は第一条により畿内に出兵して圧力を加える。そのうえで第五条では、一橋・会津・桑名が朝廷を支配し薩摩藩の要求を拒否すれば、軍事的対決を辞さないとの覚悟を示したものである。

薩長盟約に立ちあった坂本龍馬が、盟約の内容が真実であることを証明するための朱書きの裏書▲があり(前ページ下写真)、二十三日付で木戸書翰の裏に二月五日に記したことを物語っている。

薩摩藩の列侯会議推進と挫折

一八六六(慶応二)年八月十六日に慶喜が征長軍をとめ、今後の方針評議のため諸侯を招集することを奏請した。薩摩藩は朝威拡張・幕府制圧・国是確立を柱石として、政策遂行のため在京の大久保・岩下に朝廷上層からの支援に奔走させたが、佐幕派公卿もいて朝廷もまとまっているわけではなかった。

勤王派・佐幕派だけでなく、岩倉具視▲ら新興勢力の活動も生まれ、朝廷内部はあらたな状況を呈しはじめていた。岩倉は和宮降嫁▲で名声をあげ、公武合体を推進したが、諸藩の政治介入には警戒していた。しかし、和宮降嫁周旋は朝

▼**坂本龍馬の裏書**　「表に御記被成候六条ハ、小(小松)・西(西郷)両氏及老兄(木戸)・龍(坂本)等も御同席にて談論せし所にて、毛も相違無之候、後来といへとも決して変り候事無之」と記している。

▼**岩倉具視**　一八二五〜八三年。公武合体派公卿、和宮降嫁を実現。尊攘派から佐幕公卿として非難され、辞官・剃髪のうえ洛北岩倉村に潜居。討幕の密勅に功績。一八七一(明治四)年特命全権大使で外国と条約交渉。帰国後の指導権争いで西郷らは下野。国政の実力者となる。

▼**和宮降嫁**　孝明天皇妹和宮と十四代将軍徳川家茂の結婚。一八六〇(万延元)年紆余曲折をへて降嫁が決定。幕府は天皇の権威を借りての延命策であったが、一時的な政略に終わった。

廷から譴責を受け、蟄居・落飾、そして洛外岩倉村に追放させられた。岩倉は公武合体による幕府への信頼を失い、国政に介入する薩摩藩との連携を模索するとともに、摂関家支配の朝廷ではないあらたな朝廷のあり方を求め、有力公卿や有志諸卿に王政復古を働きかける挙国一致体制をめざしていた。薩摩藩へは信頼の厚い藤井良節・井上石見兄弟を通じ「叢裡鳴虫」・「続叢裡鳴虫」を提示し、小松・大久保へ思想的掲示をなしたともいえる。

慶喜の諸侯会議は薩摩藩も望むところであったが、諸侯会議招集の手続きに問題が発生した。八月二十八日、朝命をもって招集すべきとの主張を正親町三条実愛が奏請した。八月一日には、中御門経之・大原重徳以下二二人が岩倉の示唆により参内、上京すべき列侯を指定する会議招集と四カ条の奏請をしたが、奏請は主上の逆鱗にふれたと大久保は日記に記している。

結局、徳川慶喜をもって奏聞すべしとの召命に決した。この決定に大久保は九日付西郷宛書翰に、慶喜が諸侯を招集すれば幕府の勢力回復を看過してしまうので、共和制大綱のため将軍職辞退・幕府の廃止・皇威興張の大綱を建てるべきと、久光に決意を望み、その決意をもって上京を進言している。慶喜の除服出仕が赦され、九月二十六日参内。久光は召命を病と称して辞退し、小松・西郷を代理に率兵上京させ、十月二十六日京着した。

大久保はまた公卿間に知られた藤井・井上兄弟を通じて岩倉や公卿たちに周旋した。高崎正風は山階宮に仕え越前藩の重臣酒井らと会合した。しかし、十月二十七日山階宮は国事掛を罷免、同日二二卿参内の譴責としては中御門・大原以下の閉門を命ぜられた。

このように、情勢は幕府優位に動き、十二月五日、慶喜は正二位権大納言に進み、征夷大将軍に補任され、諸侯会議や薩摩藩の企図した大藩連合による幕府破砕は潰された。十二月二十五日、孝明天皇が崩御、翌一八六七(慶応三)年正月九日、明治天皇が践祚した。

十五代将軍徳川慶喜

列侯四藩の隔壁

越前藩・土佐藩・宇和島藩・薩摩藩の四侯会議の失敗は、幕府側の強圧だけでなく、四侯会議間の将来の政治体制のあり方に相違の問題点があった。越前藩・土佐藩・宇和島藩は幕府の反省を求め、公武合体の実をあげる考えであり、薩摩藩は公武合体の域を超えて、幕府の廃止と諸侯連合を企図するものであった。

三月二十五日、久光は小松・西郷と七〇〇余兵を率いて三邦丸で鹿児島を出発し、四月十二日入京した。越・土・宇三藩主も五月一日までに入京。久光上京の目的は、一八六七(慶応三)年四月に大久保提出の意見書によると、⑴三侯との協議、⑵朝廷人材登用の急務、⑶兵庫開港、⑷防長処理、⑸将軍の処置などであった。兵庫開港は勅命違反の重罪であり、将軍職を奪い、減封のうえ、諸侯同列にするよう論じている。また西郷の久光への五月十二日前後の意見書にも、「いづれ天下の政柄は天朝へ奉帰、幕府は一大諸侯に下り、諸侯と共に朝廷を補佐」すべきとし、朝廷中心の政治体制を建言している。

同時期に出された四通の意見書の注目点を摘記する。一通目では「朝威は日々衰弱の姿」、二通目には「幕府の再興か王政復古かの分かれ目の危機であり、長州処分・五卿処遇・兵庫開港の三課題は、長州処分を優先すべきである」と主張した。さらには、外交権を幕府から取り上げ、天下の政権も取り戻すなら、「朝威輝き」とし、もし長州藩が兵力を用いて歎願する時には、薩長力をあわせて内外からせめようとの策も提示し、薩長盟約ともいえる。三通目には「幕府が朝廷に従うことで筋道が立つが、現実では幕長関係が逆転していること」をなげいている。

薩摩藩のこれらの策の行動主体と期待された四侯会議は幕府に潰されたが、薩摩藩がめざす政治体制が明確になり、幕府との対峙は避けられないものとなっていった。大久保は藩庁に出兵準備、幕府への威圧、西郷を長州藩に派遣、軍艦三艘で一大隊派遣、藩主の上京に桂久武の随従と島津忠鑑（ただあき）を総督に任命することを依頼した。

一八六七年六月二十二日、土佐藩後藤象二郎（ごとうしょうじろう）・坂本龍馬・中岡慎太郎らが小松の寓居で小松・西郷・大久保・吉井らと会見し、薩土盟約が成立した。土佐藩とは政権奉還論を締結し、長州藩とは武力討幕論を推進していた。しかし、西郷は土佐藩の政権奉還成立にも疑義をもち、討幕派の兵をあげるべきことを告げ、最終的には薩土盟約は破毀された。

「討幕の密勅」

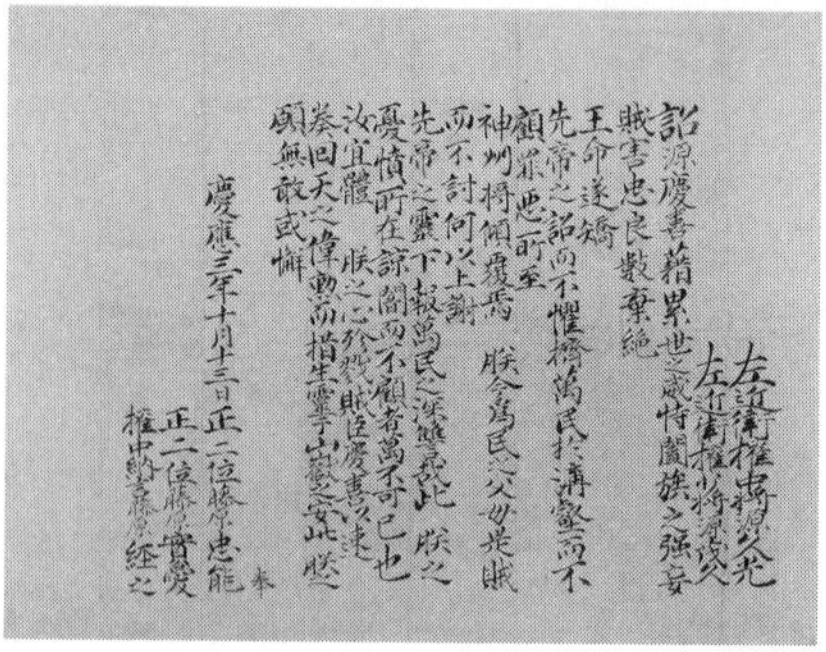
詔
左近衛権中将源久光
左近衛権少将源茂久
源慶喜藉累世之威恃闔族之強妄
賊害忠良数棄絶
王命遂矯
先帝之詔而不懼擠万民於溝壑而不
顧罪悪所至
神州将傾覆焉 朕今為民之父母是賊
而不討何以上謝
先帝之霊下報万民之深讐哉此朕之
憂憤所在諒闇而不顧者万不可已也
汝宜体朕之心殄戮賊臣慶喜以速奏
回天之偉勲而措生霊于山嶽之安此朕
之願無敢或懈
慶応三年十月十三日 正二位藤原忠能
正二位藤原実愛
権中納言藤原経之

▼品川弥二郎 一八四三〜一九〇〇年。長州藩士。戊辰戦争では奥羽鎮撫総督参謀で活躍。戊辰戦争の「トコトンヤレ節」の作詞者とされる。

討幕の密勅降下

九月十八日、大久保は山口城に登城、毛利父子に謁し、薩摩藩挙兵の決意を告げ、薩摩藩への救援を要請し快諾をえている。十九日には大久保は宍戸・木戸らと協議して討幕出兵の協定を結んだ。これが薩長両藩の挙兵密約の成立である。薩摩藩内部でも出兵反対論があったが、家老桂久武が断乎たる姿勢を示し、九月三日島津忠鑑を総督に、黒田清綱を参謀として二小隊（一〇〇〇余人）で出帆入京した。十月六日、大久保は品川弥二郎▲と岩倉・中御門の別荘を訪ね、薩長両藩の藩事情を言上し、秘中の話をしたとある。討幕・王政復古のことであろう。この時、玉松操起草の錦旗の図が授けられ、製作を大久保に依託した。大久保は京都藩邸で、品川は山口で密かに製作した。

十月八日、薩摩藩大久保・長州藩広沢・安芸藩植田乙次郎の三藩代表者は三藩盟約を固め、中御門・中山両卿に三藩の決議書を提出し奮起をうながした。同日に薩摩藩より小松・西郷・大久保三人の連署で中山・正親町三条・中御門に宛て、討幕の宣旨降下の歎願書と同時に趣意書を提出。岩倉もまた王政復古の意見書を中山卿に頼って密奏し、ついに十三日付で薩摩藩大久保に、十四日付で長州藩広沢に、正親町三条実愛・中御門経之による「討幕の密勅(みっちょく)」が手渡された。大久保日記には、「辰刻(たつのこく)」・「秘物拝戴」(討幕密勅)を拝領し、岩倉卿へ参殿、とある。岩倉具視の側近玉松操が起草しており、岩倉が主導的な役割を果たした。

土佐藩は十月三日、老中板倉勝静に山内容堂(やまうちようどう)の大政奉還の建白書を提出した。慶喜は十月十三日、二条城に諸藩を召して大政奉還の奏聞書を示し、十四日大政奉還の上奏文を奉呈し、十五日、朝廷は慶喜に参内を命じ、奏請勅許となったのである。

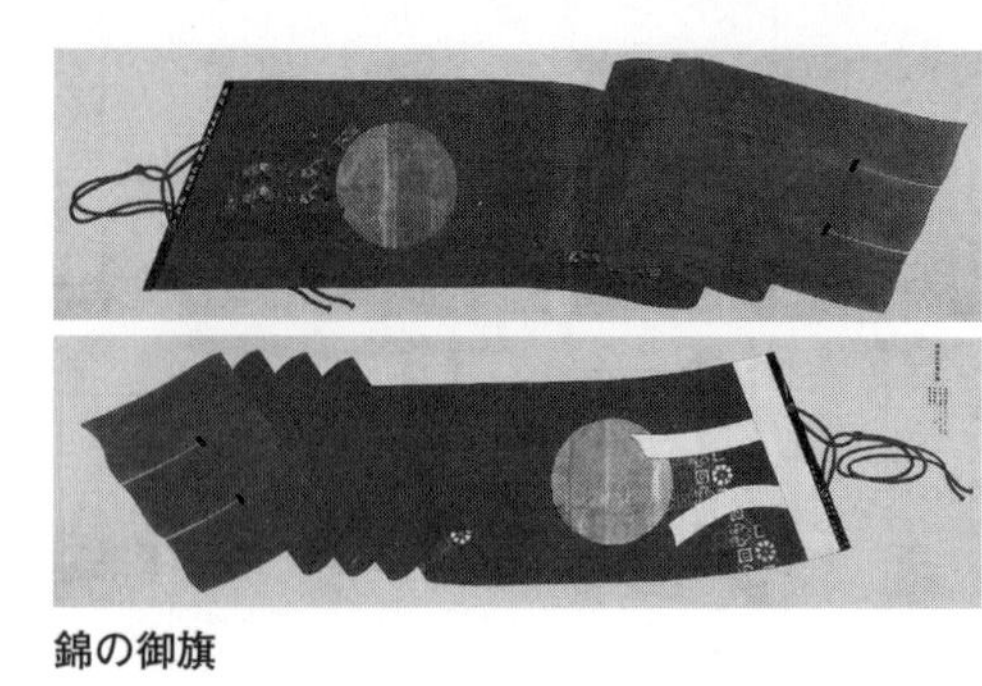

錦の御旗

④——新政府の誕生

王政復古

　幕府が政権を返上し、形式的には王政復古がなされたかのようであるがその実、朝廷・新政権には政治体制の受け皿はなく、大政委任の継続を承認、王政復古の大号令は取り消されなかったが、慶喜の主張が完全に認められた。この事態に危機感をいだいた薩摩藩の強硬派が、一八六八(慶応四)年正月三日に鳥羽・伏見の戦いに突入。薩長側が掲げた錦の御旗(錦旗)に動揺した幕府軍は大敗し「朝敵」の汚名を受け、窮地にあった新政府が巻き返した。この時、山内容堂は岩倉具視に「この戦は薩長の起こした不当な戦である」と抗議したが、岩倉から「わかった。ならば土佐藩は慶喜側につきなさい」と一喝されて、沈黙。その後山内は板垣退助に委ね、薩長側と同一歩調をとった。

　しかし、幕府はこれまでどおり広大な幕領と多大の兵力を維持している。幕府の軍事的・経済的根拠を取り除くためには辞官・納地を幕府に迫り、幕府の反発を生じさせ、武力討幕に導くことが必要と判断された。十月十一日、小松帯刀・西郷・大久保利通は早朝に熟談し、帰藩して朝廷・幕府・雄藩の動向を詳しく言上して、藩主の出馬と大挙上京を進言することを決定した。

十月十三日、岩倉・中御門経之・正親町三条実愛・中山忠能四卿宛に薩摩藩小松・西郷・大久保、長州藩広沢真臣・福田侠平・品川弥二郎連署の密勅の請書を提出した。この密勅と同時に、薩長両藩には会津藩主松平容保・桑名藩主松平定敬の誅戮を命ずる勅書も出されている。大久保は十月十七日京都出発三田尻経由、西郷は二十二日昼すぎ山口向け出発、二十六日十二時鹿児島に着、両殿様に小松・西郷・大久保が拝謁し、詳細を言上した。二十九日に藩主上京が決定したが軍艦の都合により十一月十三日出発、十日土佐浦戸に入港となった。山内容堂は二十三日までに発船を約束する。十三日、藩主茂久は西郷を従え三邦丸で出発、城下六小隊と二番大砲隊を中核に翔鳳丸・平運丸・春日丸三艦船に分乗し、家老島津広兼・岩下方平が率兵した。

朝廷では公武合体派は衰退し、岩倉・中山・正親町三条に実権は移っていた。佐幕派の勢力を憂慮して過激な変革には躊躇したが、二十九日、大久保の入説に正親町三条は会得し、岩倉ら三卿が王政復古の断行を奏請し、王政復古の大号令が十二月八日▲と決議された。当日朝は薩摩・土佐・尾張・越前・安芸各藩兵が御所九門を固める体勢がとられ、会津・桑名藩兵は抵抗なく退去し、両藩兵は衝突回避のため二条城に引き込んだ。また、八日付岩倉宛に岩下・西郷・大久保が連署で明日予定の小御所会議では断乎たる態度で臨み、弱気をみせてはならないと覚悟をうながしている。それは後藤象二郎の大政奉還路線に動揺することのないよう中山・正親町三条・中御門三卿の覚悟を求め、岩倉にも、尾張・越前両藩の取込みがなければ成功しないとの意見を、述べている。

小御所会議

十二月九日午後五時から小御所で総裁・議定・参与および五藩の重臣各三人により御前で国是の評議がなされ、薩摩藩からは岩下・大久保が議事に参加、西郷もメンバーではあったが御所守衛諸軍の指揮▲にあたった。山内容堂が慶喜の大政奉還の誠意を説き、朝議への参加を主張、松平春嶽も支持した。岩倉は徳川のこれまでの朝廷への罪を指摘し、官位を辞して領地を返還し政権奉還の実行を迫った。大久保も辞官・領地返還を条件に朝議参加を、もし承服しな

▼**大号令の日付**　十二月六日の防長関係事件評議で、九日となった。

▼**御所守衛諸軍の指揮**　西郷は王政復古の基礎を確立する御発令は「必ず一混乱」・「一度干戈」・「戦いを決し候て死中活を得るの御着眼最も急務」と申し上げ、予測される状況から五藩の藩兵によって御所九門は固く守られた。

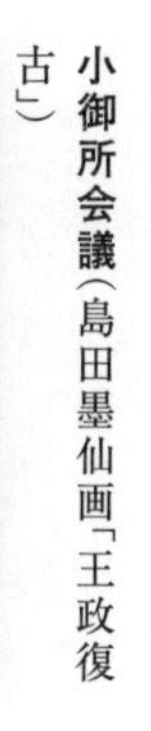

小御所会議（島田墨仙画「王政復古」）

ければ誅罰すべきと論じ、藩主茂久が同意と述べた。薩摩藩の主張は、慶喜の処分を将軍職の剝奪と諸侯に列して領地返納であった。朝議は岩倉・薩摩藩対土佐藩の対立となった。休憩のあいだに後藤は越前・尾張藩に応援を求め、また大久保に交渉してきたが、国論は決定していると大久保は強硬に主張した。越前・尾張藩も賛成したために再開の小御所会議は慶喜の辞官・納地を決定、有栖川宮熾仁親王総裁が御裁可をあおいだ。午前三時頃解散と大久保は明かしている。小御所会議の混乱を解決したのは、西郷の「短刀一本あれば片がつく」の助言といわれるが、史料的根拠は見出されない。

翌十日、尾張藩主徳川慶勝・越前藩主松平春嶽は朝廷の使者として派遣され、十一日、春嶽は二条城で慶喜に辞官・納地の朝旨を伝え、衝突を避けるため大坂に退去して待機し、再入京して辞官・納地の奏請を勧めた。十二日、慶喜は会津・桑名藩兵を率いて大坂にくだった。薩摩藩は十日晩より十一日にかけ、六〇〇人の藩兵を配置し、勤王派の藩兵も増援された。会津・桑名藩は傍観の体であったという。朝廷は摂政・関白・将軍の三職を廃止し、あらたに総裁・議定・参与の三職がおかれ、任命された。十四日、岩下・西郷・吉井友実・品川らが会議して人材登用などを決め、岩倉に言上している。幕府の辞官・納地反対も予想され、西郷書翰「戦闘開始の場合御遷幸に関する協議書」には、「戦端は大坂から」「総裁や岩倉は京都に在留」するよう記され、官軍の士気を高め、幕府の主戦派に対する警戒をおこたらなかった。

鳥羽・伏見の戦い

一八六八（慶応四）年元旦、慶喜は「討薩の表」と薩摩藩の罪状書を大目付滝川具挙に授け上京させた。そこには、十二月九日以来の諸案件は朝廷の真意ではなく、薩摩藩の陰謀であり、江戸・長崎・相模での乱妨狼藉も薩摩藩主導でなされており、東西で事を起こし皇国を乱す所業であると糾弾している。

同日、江戸薩摩藩邸焼討事件の報告書翰が西郷に届けられた。正月三日、大久保は江戸薩摩藩邸焼討事件や会津・桑名藩が大兵を率いて伏見から入京しており、防戦せざるをえないと主戦論の意見書を認め、伏見応援を二手に繰りだすことを提案し、幕府軍が伏見にいたる場合は朝命をもって停止させるべきと言上した。同日、禁闕警衛を薩土尾芸四藩に命じ、仁和寺宮彰仁親王を征討大将軍に任命、七ツ時分から鳥羽・伏見両街道で戦闘が始まった。初戦は官軍勝利の報告があり、五日の激烈な淀城合戦では苦戦の末官軍が勝利。六日の激しい大砲戦の八幡の戦いでは藤堂軍が官軍に応じ、苦戦を乗りきった。

西郷は国元に連戦連勝を語っているが、八幡の戦いで従弟の大山巌▲は「耳を射切られ」、三弟信吾▲は「耳の下から首にかけ、射抜かれ」と少々の傷でも戦いとおした両人を褒め、末弟小兵衛は善戦するも無傷と、戦死した兵卒を悼む気持ちからか身内の重傷を「疵を蒙り誠によろこばしく」と、当然かのように述べている。また西郷自身はこれまで出陣していなかったが、八幡は要地難戦のため三日の晩に視察、六日は臨戦し銃創をおっている。

大山巌は江川坦庵塾で西洋医術を学んだ経験から相国寺内の臨時病院の惨状を訴え、西郷・大久保に相談し、寺島宗則・五代友厚を通じイギリス公使パークスに依頼、イギリス艦軍医のウィルスを招くことができた▲。今後の薩摩藩のウィルス雇用と西洋医学の発展の視点がつちかわれたことになる。鳥羽・伏見の戦いは官軍が勝利し、薩摩藩は三日より六日までの戦死者・負傷者は一八〇人であった。

▼**大山巌**　一八四二～一九一六年。通称弥助、「弥助砲」の発案者、隆盛の従弟。寺田屋事件では謹慎処分。戊辰戦争・会津戦争で貫通銃創の重傷。西南戦争では政府軍。日清戦争では陸軍大将・第二軍司令官。元老・貴族院議員歴任。

▼**西郷信吾（従道）**　一八四三～一九〇二年。信吾、西郷家では従道「じゅうどう」、隆盛の三弟、「小西郷」とも称される。寺田屋事件で謹慎処分。鳥羽・伏見の戦いでは貫通銃創。陸軍卿、初代海軍大臣、貴族院議員を歴任。西南戦争では政府軍。

▼**ウィルスの雇用**　雇用関係史料の草稿は西郷が書き、藩主忠義の名をもって朝廷へ願書を提出した。治療医術がなく死亡者続出を回避するため、外科術にひいでた西洋医学の銃瘡砲瘡療治に期待し、忠義もその必要性を認めての雇用であった。

十六日夕方より旧幕府軍は大坂方面に敗走し、同日夜半、会津・桑名二藩主らを従え、秘密裡に大坂城を出て軍艦開陽で東帰した。七日、慶喜追討の大号令が発せられた。十日、慶喜以下六人、家臣一九人は官位を剝奪、京邸を没収される。十二日には藩主茂久が参内し、御前に戦功を褒賞され御剣一振・勅書一通を拝領した。翌日、茂久は相国寺墓地で戦死者の勅書告祭式を営んだ。十六日、将軍家茂の偏諱をすて、島津家の通字「忠」を用い、茂久改め忠義とし、花押も改めた。また、二十九日には松平氏号から島津姓に復している。

江戸城総攻撃

正月七日、慶喜征討令が発せられた。十三日、奥羽大名へ逆徒(旧幕府軍)追討が命ぜられる。西郷・大久保の京都情況報告に、仙台藩の重役が上京して会津征討を一手にまかせられたい、との下命の願い出があったとし、そのことをふまえて関東以西は進軍に問題はなく、関東以東がむずかしいが仙台藩が官軍側に属すると征東が可能になると蓑田伝兵衛に十六日付で報じている。二十三日付書翰で西郷は大久保に東国征討の追討使派遣の必要について、会津藩追討を仙台藩に命じるにしても追討使は必要であろう、京都より江戸への進軍は路程安全といえないから外国船借入れで海路より仙台進軍は造作ないと思う、岩倉は「会津藩討伐を仙台藩だけでも可能であろうが、米沢藩・佐竹藩は官軍側につくであろうし、南部藩にも仙台藩応援を命じれば東国大藩が官軍側に属し会津藩は混乱するであろう」といっているが、このように東国大藩をしっかり把握するのが良策、しっかりした参謀を選ぶことが肝要であると送った。岩倉から関東追討の紙面を求められ、二月一日策略書を提出した。

二日、西郷より大久保宛書翰には、慶喜退隠の歎願は不届き千万、越前・土佐藩に静寛院宮(和宮)▲が寛容の処置を求めているが、彼らも賊の一味であり、切腹が妥当ではないかとある。慶喜は恭順を家中に諭達、その後江戸城を田安慶頼・松平斉民に託し、東叡山大慈院に退去した。そして、征討東下の中止と、家名存続の周旋を春嶽に書翰で依頼した。

二月六日、東征の鎮撫使を先鋒総督兼鎮撫使と改称し、薩摩藩以下二二藩に出兵、薩摩藩以下五藩に軍艦各一艘、筑前藩・安芸藩には汽船各一艘の徴用が命ぜられた。九日、東征大総督に総裁有栖川宮熾仁親王、大総督付参謀に参与

▼静寛院宮(和宮)　一八四六〜七七年。幼名和宮(誕生時)、親子(内親王宣下)、院号静寛院。孝明天皇妹。一八六二(文久二)年、十四代将軍徳川家茂と婚礼、正室。

静寛院宮

正親町公董・西四辻公業・広沢真臣、奥羽鎮撫総督に沢為量が任ぜられ、十二日、西郷は藩兵を率いて京都を出発、十四日には広沢にかわり参与西郷・林玖十郎を下参謀に補任した。西郷は実質的には大参謀長ともいえる最大の実力者であった。西郷は大総督下参謀を避け藩兵指揮を望んだため、任命後も辞職願を提出している。

十五日、西郷は征東大総督熾仁親王の征途にあたり参内、錦旗・節刀を授かり、錦旗奉行を従え、筑前・津和野二藩を率いて東下した。薩摩藩諸隊は東海・東山先鋒総督軍に従軍、藩兵の総督は相良長発であった。旧幕府軍の若年寄大久保一翁や陸軍総裁勝海舟のような智将に対して、相良長発では役不足と感じ、西郷が大総督府下参謀と藩兵総括指揮をかねざるをえなかった。東海道先鋒参謀は海江田信義、東山道参謀は伊知地正治が補せられた。東海道軍は途中抵抗なく、三月十一日江戸に達し、池上本門寺に陣営を構え、西郷は高輪藩邸に入った。東山道軍は十二・十三日に板橋に到着、同軍城下四番隊は九日長州・大垣の兵とともに下野梁田で旧幕府軍を討伐した。官軍は三道より江戸に到着し、三月十五日、江戸総攻撃の命令を待つのみの態勢であった。

天璋院

▼**天璋院（篤君）**　一八三六〜八三年。父は今和泉島津家忠剛、斉彬養女（篤姫）、近衛家養女（篤君）、十三代将軍家定の正室。院号天璋院。和宮・天璋院は戊辰戦争で朝敵となった徳川家救済に尽力。

幕府との交渉

慶喜は寛永寺に謹慎して恭順の意をあらわし、静寛院宮(和宮)・天璋院▲に頼って歎願▲していたが、さらに側近高橋泥舟の義弟山岡鉄太郎(鉄舟)▲を勝海舟のもとへ派遣した。勝は山岡との面識はなかったが、「一見、その人となりに感ず、……参謀西郷氏に談ぜむと云う。我これを良し」と、山岡を高く評価した。山岡は三月六日に勝海舟の書翰を携え、江戸薩摩藩邸焼討以後、勝宅にいた益満休之助を案内人として、九日に駿府の大総督府で西郷に面会し、穏便な処置を要請した。山岡との面会後に大総督宮に稟議のうえ、示したのが慶喜の「備前藩御預け」以下七カ条であった。山岡は総督府の御内書を乞い持ち帰ったが、勝をはじめ幕閣も処置の厳しさに絶句した。

十三日、勝は芝高輪邸に西郷を訪ね、その会談を振り返って「江戸城攻防戦になるかどうか、戦いによる興廃については、今日の会談で判断できるものではない」とし、明日決着すると記している。翌十四日、橋本屋(一説に田町藩邸)で二回目の会談がなされ、勝は西郷提示の最初の条目を、慶喜を他藩預けではなく、出身の水戸藩での隠居を求め、その他の条目も緩和を求めてきた。十五

▼**天璋院の歎願書**　官軍隊長宛の書状で、「家茂逝去により徳川家は慶喜相続となったが、ふだんから慶喜は国家の形勢や臣下の配慮に欠けると心配していた。女であるから政治に口出しはしなかった。徳川家に支障をおよぼすことなどないと思っていたが、朝敵の沙汰をこうむることになって驚愕のいたりである」と、宗家存続を危機に貶めた慶喜をなげいている。この書状は一隊長宛ではあるが東征軍参謀西郷、さらには藩主忠義への懇請であったろう。六月にも天璋院は若年寄平岡丹波を派遣して東征総督府に再度の歎願書を提出している。

▼**山岡鉄太郎(鉄舟)**　一八三六〜八八年。幕臣、高橋泥舟義弟。江戸城無血開城を徳川慶喜の代理として西郷と駿府で交渉。泥舟・海舟とならぶ「三舟」と称される。

日の総攻撃命令の停止も要請した。西郷は条件の緩和と総攻撃停止を承諾し、即日総攻撃中止の命令をくだした。西郷はただちに東下し、駿府で大総督に復命後、朝廷の裁可をあおぐため帰京、二十日朝議がなされ、慶喜の死一等を減じ、寛典に処することに決定した。

西郷は二十八日に池上本門寺の先鋒陣営に御沙汰(ごさた)を伝えた。四月四日、先鋒総督は勅使として江戸城入城、出迎えの田安慶頼に朝旨を伝え、慶喜の恭順謹慎を認め、死一等を減じ、水戸隠居、江戸城明渡しなど五カ条の実行を命じた。七日、慶喜は慶頼を通じて朝旨奉承を奉答した。徳川家処分の沙汰書は、三月九日西郷が駿府で山岡鉄太郎に示した処分案に、十四日勝と西郷会談の時に勝が旧幕府側の希望条件を提示し、それを勘案した大総督府処分案が作成され、最後に朝議で天皇裁可がなされて沙汰されたものである。

江戸城開城と彰義隊の抵抗

四月十一日江戸城引渡しの海江田の記録には、勅使橋本実梁(はしもとさねやな)、同柳原前光(やなぎはらさきみつ)、参謀西郷、同海江田信義、同木梨精一郎(きなしせいいちろう)、同加勢吉村長兵衛(かせいよしむらちょうべえ)の六人、とある。

西郷書翰には、幕府方は多数の兵隊を引率しての入城を予測していたのであろう、案外少ない人数にかえって胆を抜かれたと聞こえてきた、とある。毛利敏彦は江戸城無血開城について、西郷隆盛のもつ習性による解決方法であるという。江戸城無血開城は、西郷にとっては予定の行動であり、彼が表明した強硬意見は真意であるよりはむしろ無血解決への条件づくりの意味合いが強い意図的な発言というべき、交渉による妥結が西郷の習性であるという。

慶喜は二月十一日新政府に恭順の意をあらわし、十二日江戸城から上野寛永寺に蟄居した。これに不満の旧幕軍や有志が二十三日に「大義を彰かにする」と彰義隊を結成、寛永寺を拠点に根岸蓮正寺・四谷宝泉寺にも屯所を設けた。五月七日、藩士三人が彰義隊の襲撃で戦死したことを西郷は重視し、即反撃を総督に申し出たが許可がえられず、朝命をえて成敗するつもりであった。五月十五日朝、討伐の命により彰義隊(二〇〇〇人)への一斉攻撃が開始された。薩長両藩の共同作戦はうまくいかなかったが、両藩持場で難戦ながら勝利した。大村益次郎が太政官軍務官判事兼江戸府判事の任で江戸市中鎮撫指揮にあたった。

彰義隊旗の日の丸

四月十一日、江戸城無血開城が実現した。天璋院は江戸城明渡しについて田安家家臣を派遣して引渡しの実質的責任者海江田に密書を届け、さらなる猶予を願ったが、海江田は、朝命で一七日間の寛大なる恩典で猶予をあたえ、四日に勅使とともに入城するので要望に応えられない、応じられないので礼を欠くことになるため返書をあえてしなかったという。天璋院の奮闘は、結果的には朝廷より田安亀之助に宗家相続が認められ、城地駿府と禄高七〇万石が下賜され、成果をえたといえる。

大久保は三条実美・岩倉両卿への建言書で禄高一〇〇万石以下七、八十万石くらい、領地は移封が相当と進言していた。江戸城授受の四月十一日、座敷向き、奥向き、大奥向きと順次授受がなされた。大奥巡検で静寛院宮ならびに天璋院の居室に入ると、三幅一対のめでたい時にかざる吉祥画が掲げられていた。両院は部屋を去る時にみずからの手で画幅をかけたという。城内の巡検が終り、立会いの幕吏を静寛院宮の部屋に集め、授受の完了を告げ、退城を命じた。「幕吏は悲しみのあまり去ろうとせず」と、海江田もまたその心情を察し、苦悩する内心を述べている。吉祥画をかけての天璋院・静寛院の退城は徳川家存続を祈願する強い意志の表れで、その潔さはみごとである。慶喜は十日に水戸に移り、守衛は彰義隊であった。天璋院は亀之助養育に専念し、徳川家を護った。

奥羽越列藩同盟

官軍の目標は会津・庄内両藩討伐であったが、奥羽鎮撫総督九条道孝率いる官軍は、三月下旬仙台に入り、仙台・米沢藩らの奥羽諸藩に会津藩追討を命じた。庄内藩は四月上旬に会津藩と攻守同盟を結び、仙台・米沢両藩は会津藩に同情し、総督に征討の中止を建言した。奥羽諸藩は会津藩救済の歎願書を提出。閏四月十二日、二本松・棚倉・三春・平など諸藩は白河に出した兵を引き上げた。五月三日、奥羽二五藩重臣は仙台に会合して盟約を結び、新発田・村上・長岡など北越諸藩も加盟し、官軍を薩長の私軍として抗戦する奥羽越列藩同盟が成立した。会津藩は閏四月二十日、奥羽の関門白河城を占拠、二十五日に宇都宮の薩摩・長州・大垣各藩兵が白河を攻めたが敗退。江戸の西郷は白河出陣を訴えたが大村益次郎に反対され、五月一日官軍（長州・大垣・忍・薩摩四藩）は三手三道から再攻し、陥落させた。西郷は「見事の勝戦」と称賛した。六月上旬には江戸より薩摩軍が増援され、六月二十四日棚倉を、七月二十六日三春を降伏、二十九日二本松を陥落させた。八月十五日会津若松進撃のため二本松に薩摩藩の兵力、小銃一四小隊・大砲三隊半が集結した。二十三日若松城下に突入、攻防は一カ月におよんだ。

北陸地方は、四月二十五日薩長両藩に北陸道援軍が命ぜられ、閏四月十九日高田に着陣、転戦した。五月上旬北陸道鎮撫総督軍が合流し、五月十九日長岡を占領。長岡争奪戦後に増援され、村松を陥落し、八月五日越後を平定した。

西郷は七月に藩の北陸出征軍総差引を命ぜられ、八月六日春日丸で鹿児島を出帆、十日越後柏崎に到着。八月二日越後五十嵐の戦いで弟吉二郎が負傷し、十四日傷が悪化して死亡した。墓をあずかる高田日枝神社に祭祀料三〇〇〇疋を献納、薩摩軍諸隊は二十九日新潟に上陸した。すでに越後は平定後であり、会津、米沢、庄内に進撃した。米沢藩は八月二十八日、仙台藩は九月十二日、会津藩は十六日に降伏。庄内藩は九月二十三日降伏を申し出て二十七日藩主酒井忠篤は城を出て軍門にくだった。参謀黒田清隆は城地をおさめ、処分を言い渡した。庄内藩に寛大な処置をなしたことは有名で、西郷の指示でもあったという。明治以降の薩摩・庄内の交流は現在でも続いている。

庄内藩の強さの一つは本間家献上の新式銃採用によるものであり、薩摩藩もまた濱崎太平次以下三四人の海商たちが三万二〇〇〇両の新式銃購入資金を提供していた。戊辰戦争は藩士の戦闘だけに目を向けがちであるが、このような商人団の寄与がみられる。そのほかにも松方正義が討幕の最重要条件を「軍艦の所用はもっとも必要にして、軍事上の最大の要件なり」と、軍艦の重要性が認識されていたが、薩摩藩の財源は払底していた。藩にかわって当時最大のイギリス建造軍艦購入（春日丸）に資金援助をしたのが山田屋・浜崎太平次長崎支店であり、手付金半金（艦船費用六万両、八万両説も）を用立て購入している。

旧幕府海軍副総裁榎本武揚は、八月品川より蝦夷地に向かい、箱館を掌握し、最後は五稜郭に籠り挑んだが、一八六九（明治二）年五月十八日降伏。榎本の処分は、薩摩の寛大な処分案と長州の強硬策のあいだで西郷も悩んだが、黒田清隆は箱館戦争の政府軍参謀として無罪放免を主張、背景にはアメリカ軍艦総督から政府への歎願もあり、敗軍の将を死刑にすることは非難されるとの考え

▼**本間家**　佐渡本間氏の分家で酒田を本拠とする酒田本間家、日本最大の地主と称された大庄屋。諺に「本間様には及びもせぬが、せめてなりたや殿様に」と謳われた。戊辰戦争で巨額を庄内藩に献金。

▼**榎本武揚**　一八三六～一九〇八年。通称釜次郎、号梁川。幕臣。戊辰戦争では旧幕府軍を率いて蝦夷地を占領、五稜郭の戦いで敗北。

▼**榎本と黒田**　総攻撃を前に榎本が黒田に『海律全書』を贈り、黒田が酒二樽を贈呈した話は有名である。両将は幕末の武将。庄内藩降伏条件提示でも黒田の裁量があったであろう。

戊辰戦争のようす(『戊辰戦記絵巻』より)

によるものであった。西郷は箱館戦争の総差配として三邦丸で五月一日発し、二十五日函館に到着したが、すでに平定され、東京経由で帰藩した。

この戊辰戦争に参加した薩摩軍は銃隊四二小隊、砲隊六隊、軍艦二隻、総勢六〇〇〇人(なお『旧那秘録』は七一六一人、戦死者五七〇人とある)。一八六九年六月に新政府誕生の功績により賞典・位記が下賜され、西郷隆盛は永世禄二〇〇〇石・正三位、大久保利通は従三位・永世禄一八〇〇石、伊地知正治・吉井友実は同一〇〇〇石、海江田信義は金一〇〇〇両などであった。西郷は戦功によって賞典禄、復古の功績によって位階を進められたものの、この賞典禄(二〇〇〇石)と位記の返上を願い出た。それには理由があった。藩主忠義従三位・参議よりも上位の正三位であったこと。また、維新の第一の功労者は戊辰の役で戦死した人びとであり、われわれ生き残った者は第二等にすぎない、そのわれわれがもらうわけにはいかないという信念にあった。西郷は大久保宛書翰に、「藩内の者で朝廷の官職にも就いていないのに、位記を授けられるようなことがあれば、自分は朝臣・中央政府の役人であるから藩の命令は受けないともいいかねない」と、案じている。

藩政改革最大の難問は、凱旋諸隊長の川村純義・野津鎮雄・伊集院兼寛らによる門閥打破や身分に拘わらない人材登用の要請で、藩政の一新を島津久光に建白したことであった。久光は率先して改革推進を掲げていたが、門閥制度の強い薩摩藩にあっては同建白は難題であり、久光は版籍奉還願書への指示の朝命を待って対応すべきとの判断をした。西郷と藩庁は、中央政府で働く小松・岩下・大久保・吉井に兵隊の統制と藩政改革の助言を求め、帰藩を要請した。小松・吉井が帰藩し、大久保は勅使柳原の随行で二月十三日帰藩、久光に拝謁。十四日小松家で大久保・伊地知・吉井と評議している。十六日は伊地知が政体変革の中枢となる政体取調掛に任命された。同日大久保は人材登用の件で前述の凱旋隊長に、今は王政復古の重要な時期であり、公平寛大の精神で武力討幕に反対した人びととも藩政に携わろうではないかと唱えたが、急進的な論を打破するまでにはいたらなかった。ただ着眼の相違から結論が違ったのであって、合意しなかったことには失望はしたが、見込みが立たないわけではなく、たがいに議論したことに成果があったといっている。

人材登用を重要視する川村らは硬論を唱えて承服せず、ついに久光の二男の

毛利宰相中将
島津少将
鍋島少将
山内少将
今度其藩々上書
之趣ハ土地人民版籍
奉還可致旨全ク
忠誠之志深
叡感被
思食候尚東京
御再幸之上會議
經公論ヲ被為決
何分之
御沙汰可被為
在候得共版籍之
儀者一應取調
可差出旨被
仰出候事
正月　行政官

版籍奉還上表への沙汰書(明治２年正月24日，「毛利家文書」)

家老の島津久治(宮之城領主)は忠義の面前で詰問され、辞表を提出、奈良原繁・伊地知貞馨も職を免ぜられた。藩庁には門閥派が多く、保守的立場で武力討幕にも反対であったことや、門閥の家柄は人材登用の妨げになると、門閥守旧派と目された人びとが辞職することで事態は沈静化した。そして、伊地知正治が政体取調掛となり藩政を推進した。

改革布告の初発は一八六九年二月十八日である。この日忠義は直筆で、「朝廷が藩治職制を定め、公私の別を明確にし、かつ版図返上をも奏上したので、本城を退き藩庁へ通勤となった」。二十日、藩治職制が改定され、知政所のもとに軍務・会計・糺明・監察の四局がおかれ、知事の家事機関として内務局が設けられた。新人事では、伊知地正治・桂久武・橋口彦二・大迫貞浄・伊集院兼寛が参政に任命された。西郷は改革には関与せず、日当山温泉に静養していたが、忠義みずから村田新八をともない西郷を訪ね、藩主の強い要請により参政に就任した。執政は欠員とし、参政桂久武が執政任命までのあいだ執政心得として政務取扱いとなった。一八七〇(明治三)年四月、朝命により執政・参政を大参事・権大参事と改称し、桂・伊地知・橋口・大迫・伊集院・橋口与一郎が権大参事となった。西郷は一八七〇年正月十八日参政を辞し、七月三日、知政所に出仕を命ぜられ、七月付宣下で大参事に就いた。

新しい職制は、凱旋兵士・下級士族の全面的藩政掌握であった。廃藩までの二、三年のあいだに藩職制改定、禄制改定、家格廃止（士族と改称）、軍備の改編、神仏分離・寺院廃止、学制改正、検地の実施など藩政全般の改革の実績があがった。一八七一（明治四）年二月、藩知事忠義・久光は、朝旨を遵奉し、藩政改革、練兵につくしたとして褒賞された。

廃藩置県

新政府は直属の兵力を備えていなかったので、薩摩・長州・土佐藩ら雄藩の兵力に依存した。薩摩藩は一八六九（明治二）年四月、精兵六〇〇人を東京警衛に命じ、九月には藩知事上京に際し、城下二番・三番、一番・二番の二砲隊が随行、十二月の知事帰藩には一部護衛で随従したが、大部は滞京した。翌年三月に帰藩を命ぜられ、随行は城下一番・四番大隊、三番・四番の二砲隊に交代した。一八七〇（明治三）年九月八日、明治天皇は東京越中島で薩長土肥四藩

近衛兵設置（町田曲江画「御錬兵」）

徴兵を天覧、この時、薩摩藩の軍楽隊はイギリス人フェントン作曲の君が代を演奏したという。

一八七一(明治四)年大改革の議論が起こると、異変に備えて薩長土三藩より徴兵することになり、四月二十一日薩摩藩は久光代理として、藩知事島津忠義が西郷とともに城下四箇大隊・四砲座を引率し上京、旧尾張藩邸に入った。長州藩は歩兵三大隊、土佐藩は歩兵二大隊・騎兵二小隊・砲兵二隊の上京となった。これがいわゆる御親兵(ごしんぺい)で、翌一八七二(明治五)年二月に近衛兵(このえへい)と改称された。(七月十日付の)西郷書翰には三藩八〇〇〇人を集めたとある。

政府の改革・廃藩置県(はいはんちけん)はこの御親兵の武力を背景にして円滑に行われ、薩摩藩は精鋭中の精鋭である城下常備兵のほとんど全部をあげて、御親兵として中央の護りにあたった。城下には一箇大隊が残留し、樺山資紀(かばやますけのり)が大隊長に任ぜられた。おそらく城下警衛のため一部残留の兵であらたに一大隊を組織したものであろう。一八七〇年八月には、出羽国(でわのくに)庄内の前藩主酒井忠篤が兵学修業のために近侍および藩士七六人を率いて鹿児島に来訪し、七一年四月頃まで滞留した。

一八七〇年末、廃藩置県断行のための勅使岩倉に、大久保・山県有朋・川村らが随従し、薩長両藩に派遣された。目的は島津久光・毛利敬親および西郷隆盛の上京をうながすためであった。西郷は箱館出征後に帰藩して藩政に勤仕していた。旧薩摩藩士は中央政府に出仕した者と藩庁に使える者に分かれたが、大久保・西郷がそれぞれの代表ともいえる。中央政府が薩長両藩の軍事力と西郷の軍事指揮能力を必要としたからである。勅使一行は十二月十五日大阪を出帆し、十八日鹿児島に到着。十九日勅使宿に桂・西郷・大迫が入来し会談。二十日、大久保は西郷との会談で改革支持の全面協力をえた。二十二日、西郷は国政・藩政に関して二四カ条の強い思いの意見書を提出している。そこには郡県制度、華族と士族のあいだに一画を設け藩に弊害がおよばないような制度などを提案している。

二十三日、勅使の岩倉は正式に本丸に臨み、久光が病気のため代理の忠義に宸翰および添書を伝えた。二十五日、久光は病を押して勅使宿を訪ね来春の上京を言上している。二十六日にも勅使宿を訪ね、来春西郷大参事を上京させると奉答、西郷の了承は二十二日にえていた。二十七日岩倉は久光に会い、二十八日に出発、山口に向かった。西郷・大久保は西郷従道・川村純義らと翌一八七一年一月三日出発、西郷・大久保は木戸孝允と会合、高知に赴き、同藩大参事板垣の同意と山内容堂から板垣出京に関しての了承をえ、薩長土三藩の西郷・大久保・木戸・板垣の四巨頭が二月二日入京、八日三条邸にて大久保・木戸・西郷・板垣の会談がなされている。ここに西郷の上京と三藩の協力がえられ、大改革の準備が完了した。

廃藩置県実施の目的は新政府財源の確保と軍制の統一であった。各藩所有の軍事を解体し、今後徴兵による国家の軍隊の編成が求められ、財政面では新政府の歳出に占める華士族への秩禄の問題を解決し、将来秩禄処分による財政確保が国家事業推進の基盤と位置づけた。

版籍奉還によって自発的に返還、近代国家建設の気運も高まり、旧藩主を藩知事に任命する身分的・経済的保障をあたえ、東京に移すことによって支配地・藩士との関係を断ったことは大改革断行反対の要因をおさえたといえる。一八七一年七月十四日、新政府がそれまでの藩を廃止して、地方統治を中央管轄下の府と県に一元化した一大行政改革がなったのである。

廃藩置県の詔書を宣する三条実美
（小堀鞆音画「廃藩置県」）

廃藩置県の断行

この大改革断行実施のためには政府部内の体制強化が必要であり、差しあたり統率者なくしては成功できないとの視点から大久保・西郷は相談して木戸を首班に推挙し、ほかは省卿にくだり補佐となるべきと決した。板垣・井上馨（いのうえかおる）・山県らも木戸推挙に賛成であったが、木戸は応じなかった。三条・岩倉は木戸一件と政体変革を協議、そして西郷と木戸両人が改革の中心に立つことが望ましいとの判断のもとに説得し、木戸・西郷の参議任命が決定した。

そして、ついに一八七一（明治四）年七月十四日、廃藩置県の大英断が発表されたのである。「今日藩を廃して県となすの大英断御発表のこと、参賀天顔拝いたし」と大久保日記に記されている。小御所御前に薩長土肥の藩知事を召し、「版籍奉還をなし、今度藩を廃し県となす、有名無実の弊害を除き綱紀を護り、朕が意を受け翼賛するよう」と、これまでの実績を賞賛し今後の期待を告げた。つぎに尾張・肥後・因幡（いなば）・阿波（あわ）四藩知事、つぎに列藩知事を大広間で召して詔（みことのり）した。右大臣三条実美が詔書（しょうしょ）を宣し、太政官は廃藩置県の旨を布告し、各藩知事を免じてあらたに東京府貫属を命じ、ここに数百年続いた封建（ほうけん）制度は廃止された。

廃藩置県は一般には青天の霹靂ともいうべき突然であり、人心の動揺ははかりしれないものがあったであろうし、どれほどの人びとが政府の真意を理解できたであろうか。久光も政府の方針に釈然としないものがあったようである。久光に対し政府は、九月十日これまでの功績により別家分立を認め、忠義の賞典禄一〇万石の半分を下賜する勅書があたえられた。十四日には久光は従三位から従二位に叙せられたが辞退し、翌年正月十日に忠義が代理で拝受した。十三日に岩倉は久光に「廃藩の令は五年十年の歳月をかけてなすべきであったが、機運にめぐまれ意外の運びとなって」のことであり、その基礎となった「封土返上の基を開いた」と久光の功績をたたえている。久光の本当の心境はどのようであっただろうか。市来四郎の自叙伝によると、西郷・大久保の専断で自分(久光)には相談もなく、不満にたえられずに花火を打ち上げたという。西郷書翰の「久光公癇癪追々相起り」と符合している。

⑤—岩倉使節団派遣と留守政府

条約改正の必要性

安政の五カ国条約▲は、一八七二(明治五)年七月一日が協議改定期限であったことから、条約改正への対処が必要であった。参議大隈重信の提案とされる条約改正外交使節派遣の発議は一八七一(明治四)年八月中旬であるが、政府は三月十八日に条約改定御用掛に参議大隈・大蔵省吉田清成に調査を命じた。使節海外派遣の議論が起こり天皇の御裁可をあおいだ結果、太政大臣三条実美に命じて、外務卿岩倉具視に意見を求めた。安政の五カ国条約は対等の権利を保有する万国公法に矛盾するので条約改正の必要がある。そこで使節派遣が発議され、条約改正の意志を各国政府に報じ、協議することを目的とした。

一八七一年十月八日、岩倉外務卿を右大臣兼特命全権大使として欧米各国視察が命じられ、木戸孝允参議・大久保利通大蔵卿・伊藤博文工部大輔・山口尚芳外務少輔を副使とし、およそ一二カ国を二年間で視察予定とした。西郷・板垣退助・井上馨らは、廃藩置県・官制改革の未完了の時期のため、政府

▼**安政の五カ国条約**　一八五八(安政五)年、幕府がアメリカ・オランダ・ロシア・イギリス・フランスの五カ国と結んだ不平等条約。勅許をえないで調印した。不平等条約の内容は領事裁判権および関税自主権の欠如、片務的最恵国待遇。

首脳陣の海外派遣には反対した。条約改正は急務とはいえ、全権委任一人を派遣すればたりるとの主張である。三条は八月二十日、木戸に海外渡航ではなく内政充実につくすことを諭した。木戸は岩倉に海外随従を求めたが、大久保は三条の意見を岩倉に報じ善処を求めた。岩倉は三条の同意をえられないため、木戸・大久保の同行を断念。その後、西郷・板垣を説得して同意をえ、二十三日、三条は西郷・板垣・大隈三参議と協議し、木戸・大久保の副使を決定。井上は大蔵省統轄の大久保の同行に反対し、辞職の紛議を起こし、結局、西郷を大蔵省御用掛として事務監督とすることで十月十六日解決した。

岩倉使節団派遣

岩倉使節団派遣は、国家の盛衰・安泰を左右する大事業で、留守政府と使節団はたがいの連絡と一致協力なくしては成功はなしがたいとした。もし議論が矛盾することがあれば、国事をあやまり、国辱を生じるであろう。そのために守るべき条件をあげて違背なく遵守するための条件を確認したものが「誓約書(一二カ条)」である。

岩倉使節団　左から木戸孝允・山口尚芳・岩倉具視・伊藤博文・大久保利通。

使節団は、条約締結国訪問と締結国との不平等条約の改正の予備交渉・環境整備、諸外国の法律・制度・文化の視察など、近代国家の礎を築く大きな目的があった。しかし留守政府にとっては廃藩置県後の事後処理の難問山積の情況に政府首脳陣多数の派遣が適切であるか疑問もあり、使節団側も懸念すべきことであった。そのうえで岩倉使節は留守政府にどのような権限をあたえるかを検討し、留守中は体制変革をしないことを求めたのが「誓約書」である。

誓約書第六条には「大使出張中は政務の改正をしないこと、やむをえずして改正する時は大使に照会すべし」と、留守政府の施策を縛り、第七条では「廃藩置県の処置は内政のもっとも重要な基本であるから条理をとげて実効をあげ、必要によっては改正を加えながら確実に進めるように」とある。結局、使節団の帰国まではあらたな政策をしないこと、すなわち何も体制を変えないように、またもっとも急務で多大なる困難をともなう廃藩置県後の処置はまかせるともとれるものであった。この誓約書への認識は、使節団と留守政府では大きく違っていたようである。留守政府の施策が国家基盤整備事業を遂行したことによって明確化され、帰国使節団との軋轢を生むことになる。これが「明治六年の政変」の起因するところである。

十一月四日、特命全権大使欧米各国発遣の式典が実施され、岩倉一行は十日に参内、十二日に太平洋郵船会社のアメリカ号に搭乗、午後出航した。使節団官員四八人。留学生派遣と女子教育の必要を認め、津田梅・山川捨松など女子五人を選び、開拓使費で岩倉一行と同船渡航させた。十二月六日サンフランシスコに到着。一八七二(明治五)年正月二十一日、岩倉使節団がアメリカ大統領に謁見したが、三月二十五日、副使大久保・同伊藤がアメリカ合衆国より急遽帰国した。帰国の理由は使節団が政府代表を示す全権委任状を所持していなかったことによる。その後、国務卿ハミルトンから委任状があっても協議はするが改正の可能性はないことを知らされ、また、アメリカ単独条約改正は片務的最恵国待遇の適用によって、慎重に事を運ばなくてはならないとの本国からの指示やイギリス留学生らの指摘もあり、条約改正交渉は現段階では無理と認識された。

大蔵省と諸省との衝突や台湾事件▲・朝鮮国外交問題(後述)によって、一八七三年(明治六)正月十九日、木戸・大久保に帰国命令が出され、大久保は三月二

▼**台湾事件**　一八七四(明治七)年台湾に漂着した宮古島島民が殺害された事件の解決に、明治政府が台湾に軍隊を派遣。清政府は管轄地域外とした。

十八日ドイツを発ち五月二十六日帰国した。二十八日、天皇に拝謁、欧州の近況を奏上した。木戸は、ロシア視察後の七月二十三日の帰国となった。岩倉は帰国命令をジュネーブで拝受し、マルセーユ経由で一八七三年九月十三日に帰国した。一八七一（明治四）年十一月出発から二年をへていた。▲

留守政府の政策

留守政府とは岩倉使節団が欧米歴訪中に留守を守るために組織された体制であり、期間は一年半を予定していたが、予想外の二カ年という長期におよんだ。使節団には多数の首脳陣が参加したため、使節団は留守を守る最小限の政治活動と廃藩置県の処理を望んだことは「誓約書」でも知られる。留守政府は太政大臣三条実美を筆頭に西郷隆盛・井上馨・大隈重信・板垣退助・江藤新平・大木喬任らによって組織された。

使節団出発後、留守政府は学制・徴兵令・地租改正・太陽暦の採用・司法制度の整備などの改革を積極的に行ったが、人事をめぐる問題と西郷隆盛の遣韓問題をめぐって留守政府と岩倉使節団の対立が激化して、「明治六年の政変」に

▼**使節団の帰国**　岩倉使節団は二年後の一八七三（明治六）年九月十三日、太平洋郵船会社のゴールデンエイジ号で横浜に帰ってきた。狂歌に「条約はむすびそこない、金は捨て、世間へ大使なんと岩倉」と詠まれもした。

明治期の警察官

いたった。留守政策のなかから西郷が尽力した警察制度・宮中制度をみる。

警察制度

一八七一(明治四)年の薩長土三藩兵による御親兵創設後に、近衛兵が成立した。近衛兵は軍隊組織であり、山県有朋の提案による階級制が導入された。旧薩摩藩士の城下士は将校に、郷士(旧外城士)は兵卒とされたため、郷士が近衛兵を離れたことが問題となった。東京府大参事黒田嘉納(清綱)宛書翰で西郷は、郷士出身者の警察への転職には階級を考慮することの重要性を伝えた。警察に郷士が多く城下士が少ないのは、身分制の弱い警察は郷士にとって格好の職場となると考えている。西郷は警察制度の育成に積極的であり、士族救済の手段としてもポリス増員を認識し、政府の増員計画に具体的な指示まであたえている。

一八七一年に東京府に邏卒三〇〇〇人が設置されたことが近代国家警察の始まりとなり、邏卒には旧薩長会越藩などの士族が採用されたが、薩摩藩が圧倒的に多かったのは西郷の功績ともいえる。薩摩藩の川路利良は中央集権国家に

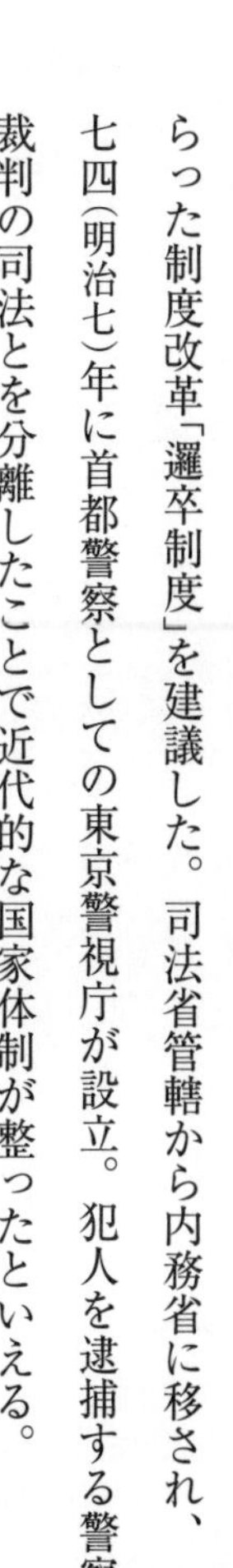

適した警察制度研究のため一八七二(明治五)年に渡欧し、フランスの警察にならった制度改革「邏卒制度」を建議した。司法省管轄から内務省に移され、一八七四(明治七)年に首都警察としての東京警視庁が設立。犯人を逮捕する警察と裁判の司法とを分離したことで近代的な国家体制が整ったといえる。

宮中改革

廃藩置県後の改革で、西郷が力を入れた改革に宮中改革があり、その目的達成は今後の国政や天皇制の国家を形成するのにきわめて重要としていたことがうかがえる。西郷は、一八七一(明治四)年七月二十日から宮内省および宮中改革を開始し、宮内省・宮中の弊害の根源は、天皇の側近が華奢・柔弱の堂上華族に限定していることを指摘し、剛健・清廉の士をもって輔導することが国威発揚には肝要であると考え実行した。同改革は参議木戸孝允・大蔵卿大久保利通にはかり、三条実美・岩倉具視に進言された。

具体的に任用された旧藩士らをみると、民部大丞から宮内大丞に吉井友実が転じ、ついで旧薩摩藩士村田新八が宮内大丞に、山岡鉄舟が侍従番長後に宮内

明治天皇(一八七三〈明治六〉年撮影)

大丞、宮内少輔を歴任している。一方、宮中では四月二十四日に旧薩摩藩士高島鞆之助を侍従（一八七二〈明治五〉年四月三十日侍従番長）、旧佐賀藩士島義勇を次侍従、八月には高城重信を次侍従に任命、一八七二年三月に侍従番長が設置され、山岡鉄舟は同年侍従、同十月三日侍従番長に任ぜられている。これらの任用の人物は西郷の意を受けた者であり、いずれも剣の達人で見識の高い人物であった。

長年の積弊を打破した大英断の改革、その成功は西郷にとっても喜ばしく、椎原与三次叔父へその喜びを伝えた。同書翰の後半には、西郷の本来的目的ともいえる天皇像・国家像が描かれている。明治天皇に対する尊敬の念は、西郷だけでなく、三条・岩倉もまたいだいていた。これまでの天皇にはみられない壮健さと英明さには格段の違いがあり、禁門の変当時に比較して成長著しいという。この機をえて、宮中改革を断行し、数百年来の悪しき慣習を刷新すべき、時と人物にめぐまれたことを次のように述べている。

天皇は乗馬をされ、ここ二、三日より御親兵を一小隊ずつ召し呼ばれ調練する予定とされ、大隊を御みずから率いて、大元帥をして指揮するとの御沙汰があり、なんとも恐れ多いことである、とあり、軍の最高統率者としての意識は、これほどありがたいことはないと感激している。加えて、政治面についても、追々政府や政治の場にも出られ、諸省にも出られ、政治の得失を討論・研究されることが内定しているとし、改革のなかではもっとも優れた成果がえられた。見せかけの尊大さではなく、実質的実行力によって臣下を引きつけ、天皇の臣下として親密な関係である「君臣水魚の交りに立ち至」ると、親密な関係をも意識された天皇の成長ぶりを賞賛している。

一八七三(明治六)年五月初め、西郷は持病が悪化し、灸治の効果もなく、もはや不治の病と諦めていた折、西郷の健康を案じた天皇が、六月六日に岩佐純とドイツ人医師テオドール＝ホフマンを派遣した。診断結果は脳血管障害であるが、まだ治療で回復の可能性があるという。膏気を抜きとるため下剤を処方。結果一日五、六度くだしたという。加えて、朝夕の散歩の助言もあった。住まいの小網町では無理であり、弟従道の渋谷(青山の極田舎)の屋敷に居候して、近くの駒場野に兎狩りに出かけたという。

封建諸制度の撤廃と新制度

留守政府が整備した制度は、ほかにも次のようなものがある。

身分制度の改革

大名(だいみょう)・公家(くげ)を華族、一般武士を士族、農工商ら庶民を平民(へいみん)に改め、一八七一(明治四)年解放令を布告。賤称を廃止し、身分・職業とも平民と同じにした。平民に苗字の使用を許し、平民と華士族間の結婚、職業の選択や移転・居住の自由も認められた。

田畑永代売買禁止令

一八七二(明治五)年二月十五日に田畑永代売買禁止令が解除され、土地の自由な売買が認められ、同月二十四日には、売買譲渡された土地の私有権を証明するために地券(ちけん)が発行された。同年七月には、地券発行の対象がすべての私有地に広げられた。

学制

一八七二年八月二日、日本最初の近代的学校制度を定めた教育法令が出された。

太陽暦

明治五年十二月三日を一八七三(明治六)年一月一日とし、昼夜十二時を改めて二十四時とした。

地租改正

一八七三年、租税制度を改革し、土地に対する私的所有権が確立した。廃藩置県によって日本から領主が一掃され、田畑永代売買禁止令の廃止とともに地租改正の実施が急がれた。地租改正法で規定を定められ、改正条例が制定、翌一八七四(明治七)年から地租改正に着手した。

徴兵制

国民皆兵による軍の創出が必要と認識され、西郷隆盛は士族主体の志願兵構想であったが、最終的には山県の考え方の国民皆兵を支持した。一八七二年十一月二十八日徴兵告諭、翌七三年正月十日に徴兵令が施行された。国民皆兵は四民平等が前提で、封建的武士階級の解体をともなうものであった。

三条実美

西郷の使節派遣論

一八七三(明治六)年五月、日本人の在留する朝鮮の草梁倭館に日本人誹謗の貼紙や食糧販売を妨害するなどの行為があった。政府は六月十二日閣議を開いてこれを協議したが、参議板垣などは居留民保護を理由に派兵、厳重談判におよぶべしという。しかし参議西郷は派兵に反対を唱え、まず使節を派遣して交渉し、公理公道をもって朝鮮政府を説くべきだと主張した。そして全権使節にはみずから就任したいと申し出たのである。しかし、これは重要な外交案件であり、外務卿の副島種臣が清国に出張中のこともあって結論は出なかった。

八月十七日朝議で朝鮮国遣使の件が発議された。三条は朝鮮問題を閣議にはかり、一八七一(明治四)年の廃藩令により旧対馬藩主宗重正を外務大丞に任命して日朝間の外交を斡旋させていたが、幕府にかわり新政府として旧来の善隣友好を求めたが不遜な対応が続いた。軍隊を動員するのは国家的大事となるので、まず朝鮮の居留民保護のために陸海軍若干を派遣し、その後に使節を派遣するとの閣議を決定する旨が伝えられた。

西郷は「性急に軍隊を派遣すれば、日本が朝鮮を侵略するとの疑念をいだくであろう。それは日本の意志に反することになる。軍隊派遣の議論はやめ、全権使節を派遣し、公理公道をもって諭し、もし使節に乱妨や無礼な振舞いがあれば討伐すべきである。その時には自分が使節となることを希望する」と主張した。板垣退助・後藤象二郎・江藤新平も賛成したが、事の重大さから決定にはいたらなかった。木戸は帰国していたが病気により出仕していない。大久保は参議でないので閣議に出席できないだけでなく、帰国後は大蔵省に出仕さえしていない。三条は苦慮し、岩倉に緊急の帰国を命じた。

西郷は八月三日に意見書を三条に提出した、台湾問題と朝鮮問題は急ぎ対応を決定すべきであり、使節団帰国後、数日もたっているのに対応しないのは怠慢であるという。大久保・副島・木戸は帰国したが、岩倉はまだ帰国していない。朝鮮問題は維新当初から手がけたものであり、今になって朝鮮国が暴慢無礼を働いたからといって方針を変えては、世界のあざけりを受けることになる、との西郷の主張であった。『明治天皇紀』の八月十九日には、木戸の意見として、「朝鮮国の無礼はもとより問罪の師を派遣する必要はあるが、征討の軍隊を派遣すべきではない。しかし、居留民保護は大事であるが、海外に軍隊を派遣す

朝鮮使節派遣を主張する西郷（中央）**が描かれた錦絵**（楊洲周延画「征韓論之図」）

れば国内政治財政を乱す、急務は財政を整えることにある」という。同じく大久保の意見は「国内政治を整えて国家富強の基礎を確立することが方今の急務であり、妄りに禍端を外に開くべきではない」と主張した。西郷の主張は軍隊派遣ではなく、開国を勧める遣韓使節としてみずからが朝鮮に赴く「遣韓論」であり、西郷も大久保も軍隊派遣の征韓論ではない。

西郷はこれよりさきの七月二十九日板垣宛書翰に、兵隊をさきに遣わせば朝鮮国は軍隊を引けと申し出るだろう、断われば戦争となり、そうなれば日本の趣意とは違うことになる。公然と使節を派遣すれは、「暴殺は致すべき儀」と推察される。死するくらいのことはできるから私を派遣してくれとの依頼をしている。西郷は軍隊派遣こそ戦端の原因となり、使節派遣が本心であることは明白である。八月三日付三条宛西郷書翰では、外務卿副島種臣も帰国したことから朝鮮使節派遣の検討を求めている。八月十四日付板垣宛書翰に、「昨日十三日の閣議で私は朝鮮使節の儀を初めより深く決心するところがあり、死をもって朝鮮問題を解決せんとするものであったが結論が長引いている。そこで板垣に後一押しをお願いする」旨を要請している。八月十六日、西郷は三条を訪ね、岩倉の帰国を待っての判断は時期を逸してしまう。使節派遣を決行すべきである。使節殺害におよんだならば問罪し、鬱勃たる国内の気運を外国に転じ国威を海外に発揚すべきであると主張。八月十七日の閣議で朝鮮国使節派遣が決定した。三条は八月十九日朝鮮問題について奏上したが、西郷の朝鮮使節派遣は岩倉の帰国を待ち熟談して奏聞すべしとの勅書(ちょくしょ)であった。三条は帰京して勅書の旨を西郷に伝え、後命を待てと命じた。

閣議決定くつがえる

十月十五日、西郷(陸軍大将兼参議)を朝鮮国に派遣する議案が決定した。この閣議決定がどのようにくつがえされたか、その過程をみていく。留守政府に対する不満から大久保は帰国するも大蔵省の省務をみなかった。九月に岩倉が帰国するや、三条は時局収拾のために大久保を閣議で発言権のある参議に就任させ、さらに木戸と協力して難局を乗りきる方策で岩倉と意見が一致した。固辞する大久保が岩倉の説得により参議就任を受諾したのは十日のことであり、参議就任は十月十二日であった。西郷の閣議開催の督促により十月十二日決定となったが、派遣反対の岩倉による大久保参議就任工作などのため、閣議は十四日に延期され、西郷は不本意であった。三条は西郷の朝鮮国派遣はやむをえないとしても、開戦をも予想させる国家の一大事であり、海軍の兵力は備わってはいないとの意見をもっていた。そしてその夜には板垣・副島を三条邸に呼び、意見を示した。翌十四日閣議が開かれ、三条は朝鮮国派遣のみが急務ではなく、使節派遣すべきではないと主張、大久保・大隈・大木は支持。西郷は三条の内治を整え、外に対応する力量を養わないといけないとの意見に承伏せず、朝鮮国遣使の急務を主張、板垣・副島・後藤・江藤も賛成するが、議決までにはいたらなかった。十五日閣議は前日同様、大久保・大隈・大木参議は反対し、西郷は昨日に主張はつくしたとして出席しなかったが、朝鮮使節派遣の閣議決定にいたるまでの顚末の覚書「▲朝鮮派遣使節決定始末」を提出した。

三条太政大臣が使節派遣を認めた決議をくだした。しかし、十七日、三条は岩倉邸を訪ね決定を悔いた。十八日朝に閣議の決定を奏上して裁可をあおごうと考えていたが、払暁(ふつぎょう)の病気発症前に使いを岩倉邸に送り、国政をみることができない旨を告げ、岩倉の意見と議事の顚末両者を奏聞し、つつしんで聖断を

▼覚書と板垣宛書翰　この覚書と板垣宛書翰とを毛利敏彦は考察して、板垣宛書翰は対朝鮮強硬論者板垣を味方につけるための政治的・意図的発言とし、使節暴殺、開戦云々の文言は板垣宛書翰のみであり、閣議決定の八月十七日以降はおだやかな文面となっていると指摘。また、西郷の交渉はこれまでみたとおり、つねに強硬論を主張し、相手に威圧を加える交渉のやり方で解決の布石ともいえるという。

▼三条卿の様子　「今朝ノ御様子ヨホド御周章ノ御様子」と記し、翌日の日記には「三条卿深憂疾ヲ作(な)ス」とある。

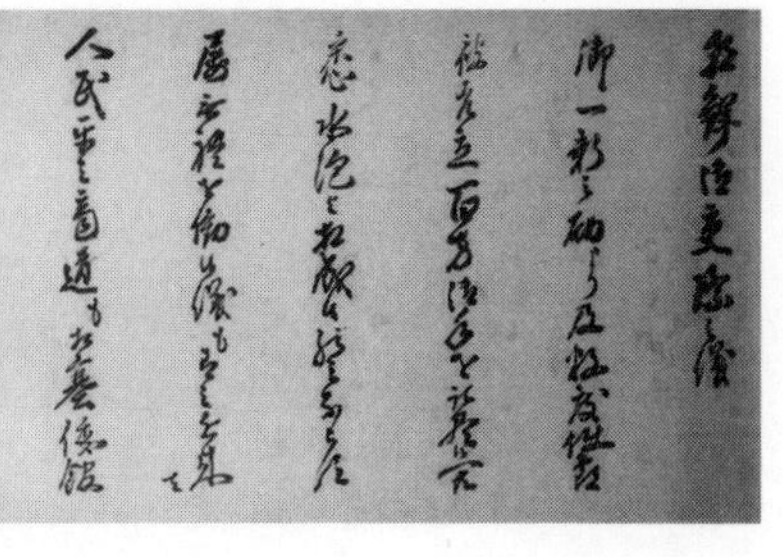

「朝鮮派遣使節決定始末」(部分)

あおぎ、太政大臣の職務を摂行してほしいと伝えた。二十日に岩倉が太政大臣の職務を代行することになり、二十三日意見書を上奏、別に奏上の大要も捧呈した。岩倉代行に対して、大久保は日記に岩倉の奮起をうながしたとある。事の様相が明確になってきた。

大久保は十五日の閣議で断固反対した。昨夜(十四日)三条・岩倉に方策があるのを確認し異存は申し上げなかったが、断乎たる反対と辞意を述べた。十七日八時に辞表を呈出、十九日に三条卿を見舞ったあとに、黒田に秘策を告げたという。二十五日には十七日提出の大久保辞表は却下された。大久保は十一月二十九日参議で内務卿を兼任し、内閣の中心的存在となり、三条が十二月二十四日に内閣顧問に就任し体制ができあがった。

⑥―西南の役

西郷の下野

岩倉具視は国家の大事と熟慮して、明日（一八七三〈明治六〉年十二月）二十四日に勅答をえようと、午前九時に参内した。岩倉は二十二日に宮内卿徳大寺実則に西郷の直奏があっても動じることなく、また侍従長東久世通禧と協力して補佐する旨を内諭していた。二十四日午前九時、岩倉は参内し、内地優先の勅書▲をえた。岩倉の意見がとおったのである。これには大きな問題点が潜んでいる。政府の正式決定である閣議よりも天皇の意思が優先するという事例ができたのである。

二十二日、西郷・板垣退助・江藤新平・副島種臣は岩倉を訪ね、明日の使節派遣の発令順序を議定するために宸裁をあおごうとした。ところが、この席上で岩倉は、三条実美と意見を異にするので自分の意見も具申して宸断をあおぐつもりであると答えた。二十三日には岩倉の画策・上奏を知り、西郷は同日病気と称して辞表を残して去った。西郷は辞官、位記を返上、参議・近衛都督

▼**内地優先の勅書**　「国政ヲ整へ民力ヲ養ヒ勉テ成功ヲ永遠ニ期スヘシ、今汝具視カ奏状之ヲ嘉納ス、汝宜ク朕カ意ヲ奉承セヨ」とある。

を辞職し、継続は陸軍大将のみとなった。二十五日、西郷は、朝鮮国遣使の議論があわず官職を辞した。陸軍少将桐野利秋も辞表を提出したため、軍隊の動揺が甚だしい情況となり、同日近衛局陸軍少将篠原国幹以下佐官一〇人・大尉一人を小御所代に召し、親諭がなされた。篠原少将は病気として出席せず、二十七日から二十九日までに篠原以下辞表提出者は四六人におよんでいる。

二十四日、板垣・江藤・後藤象二郎・副島四参議も辞表を提出、参議の更迭がなされ、参議大久保利通の献策であった参議が諸省卿をかねることになった。二十八日、黒田清隆・西郷従道は近衛兵の動揺をおさえる相談を岩倉にし、勅諭を頂戴した。十一月二日、近衛兵への説諭が行き届いているはずなのに、近衛兵辞表願いがあいつぎ、寛大な処置に決したという。

集義塾の設立

新政府樹立の勲功者に賞典禄と位記が贈与され、西郷は返上▲を願い出たが許可されなかった。返上が受け入れられないなら、賞典禄▲を集めて資金とし戊辰の役戦死者のように国家に役立つ人材養成の学校設立をと考えた。それが「集

▼賞典禄と位記の返上　七四ページ参照。

▼薩摩藩出身者の賞典禄　西郷二〇〇〇石、大久保一八〇〇石、小松帯刀・岩下方平・吉井友実・伊知地正治各一〇〇〇石、大山八〇〇石、黒田清隆七〇〇石、桐野二〇〇石などである。なお、大久保は一八七六(明治九)年三月以降私学校から駒場農学校創設資金に寄付先をかえている。

義塾」であり、永田町の弟従道邸内に設けられた。この集義塾は西郷下野後の一八七四(明治七)年に鹿児島市照国神社境内に移され、賞典学校(別称幼年学校)と呼ばれた。国学・漢学・洋学を学習科目とし、一八七三(明治六)年帰郷の元大学南校教師深見有常(仏語)や県雇の外人教師シケーペル、コップスも教え、七五(同八)年に三人、翌七六(同九)年に二人フランスへ留学生が派遣された。また旧庄内藩士伴兼之・榊原政治の入学は知られるところである。この集義塾の精神はその後の私学校創設でも表明され、「私学校祭文▲」として、「私学校綱領」同様、精神的支柱とされた。

私学校徒の動きと政府の対応

一八七七(明治十)年正月三十日夜、陸海軍省所属の鹿児島県下の火薬庫に私学校徒が侵入し、小銃弾薬を奪取して、二月一日・二日の両夜、同様に銃器弾薬を略奪した。この鹿児島の不穏な動きに対して、二月九日、川村純義海軍大輔・林友幸内務少輔が派遣され、鹿児島湾に入港しようとするや、暴徒に上陸を拒否されたため、県令を艦内に招き事情を推問した。県令に西郷大将に面

▼**「私学校祭文」**　「蓋し学校は善士を育つる所以のものなり、只に一郷一国の善士たるのみならず、必ず天下の善士たるを欲す、夫れ戊辰の役に、名を正し、義を踏み、血戦奮闘して斃れたる者は、乃ち天下の善士たるなり、故にその義を慕い、その忠に感じ、これを茲に祭る、以て一郷の子弟を鼓舞す、また、学校の職を尽くす所以なり」。私学校では祭典のたびに掲示したという。

会の希望を告げ、西郷大将もまた面会しようとしたが、篠原少将らにとめられたという。遣使らは賊徒が兵器を携えて艦を襲来する様相に驚き帰還した。

鹿児島の不穏な状況に岩倉がみずから勅使となり鎮撫のため鹿児島に赴き、大久保もまた帰郷して西郷説得のために派遣を要請したが実行されなかった。二月十三日、「今日鹿児島県暴徒反乱」との電報があり、大久保に京都行きが命ぜられ、横浜から乗船した。熊本鎮台▲では、十四日将校を集め各部署を決め、橋梁を撤し、地雷を埋め、攻防戦の見通しをよくするために熊本城下の家屋を壊し、西郷軍(暴徒)攻撃への対処の守備を徹底した。十七日午前八時、小御所にて三条・木戸孝允・大久保・伊藤博文が鹿児島への勅使派遣を議決、大久保が天皇に暴徒反乱を奏聞した。勅使は有栖川宮熾仁親王、随行は河野敏鎌・柳原前光となった。十八日、暴徒・西郷軍が熊本管内に入ったとの報告を受け、鹿児島への勅使派遣を取りやめ、同日夜、三条は木戸・大久保・伊藤・山県有朋と協議し、征討総督は有栖川宮に決定した。

十九日、三条は鹿児島私学校徒の叛乱と認め、有栖川宮熾仁親王を征討総督、山県有朋・川村純義を参軍に任命し、征討令を発布した。二十日、征討総督本

▼**熊本鎮台**　一八七三～八八年まで九州におかれた陸軍部隊。鎮西鎮台の後身で、全国六つの鎮台の一つで本営を熊本に設置。西南戦争当時は谷干城司令長官が熊本城に籠城して戦った。

営を大阪に設置し、征討総督宮が京都を出発、熊本へ向け進攻が命ぜられた。

熊本鎮台攻防戦

二月二十日、別府晋介(べっぷしんすけ)率いる西郷軍先鋒隊が熊本南西約二里の地・川尻(かわじり)に達し、大慈禅寺(だいじぜんじ)に営所を構えた。熊本鎮台谷干城(たにたてき)司令長官・参謀長樺山資紀(かばやますけのり)は川尻を襲撃して敵営を焼こうとし、二十一日午前一時、二個中隊の兵を派遣、ところが西郷軍哨兵に察知されて逃げ帰り、谷司令長官らは進攻を悔やんだ。

この日、西郷軍がついに熊本に侵入、鎮台からの砲撃が始まった。これが西南(せいなん)戦争の第一戦といわれる。谷司令長官の大阪総督本営への報告には本日午後一時十五分開戦とする、との打電がなされている。二十一日の谷司令長官の電報には、銃器や弾薬は問題ないが、兵糧(ひょうろう)が焼けたとの報告がなされ、熊本県から兵粮米(ひょうろうまい)が補充された。西郷軍には日向(ひゅうが)や熊本より加担する者もあり、おおよそ二万の軍勢となり、谷司令長官は戦術を専守防衛に徹することに切りかえた。二十二日昼前後より、西郷軍は熊本鎮台を苛烈に攻撃したが、鎮台もよく防戦し、西郷軍は本営を春日(かすが)村に設置した。二十三日、西郷軍の攻撃は猛烈であったが、鎮台を降伏させるにはいたらなかった。この時政府軍はあなどりがたきを知り、包囲持久戦への戦術転換をはかるとともに鎮台兵の突撃回避のための胸壁を築造をした。また、軍を割いて山鹿・田原坂・木留方面に配備し、援軍を断つ策に転じた。

小倉第十四連隊長心得陸軍少佐乃木希典の一部隊は、谷司令長官の命により熊本鎮台に入場した。本隊が木葉村で、西郷軍が植木町に構えていることを知り、これを撃破しようと植木を通過し戦闘を交えた。午後七時半頃、西郷軍の軍勢がしだいに強まり、部隊は後退して木葉村に屯営した。この夜、戦闘は激烈をきわめ、旗手陸軍少尉河原林雄太が戦死して連隊旗を奪われた。乃木はおおいに愕き死を決して応戦したが奪還できなかった。情況やむをえないこととして、征討総督宮はこれを不問に付した。同日、川村参軍が京都に到着し、総督宮に「鹿児島の賊は私学校党」と報じると、私学校党の呼称がここに始まった。二十四日、総督宮が京都を出発し筑前に向かった。二十五日、西郷・桐野・篠原の官位を剝奪し、西郷軍征討の趣意を天下に布告した。二十七日、総督宮が福岡に到達し、九州各県に征討令を十九日に発したことを告諭している。

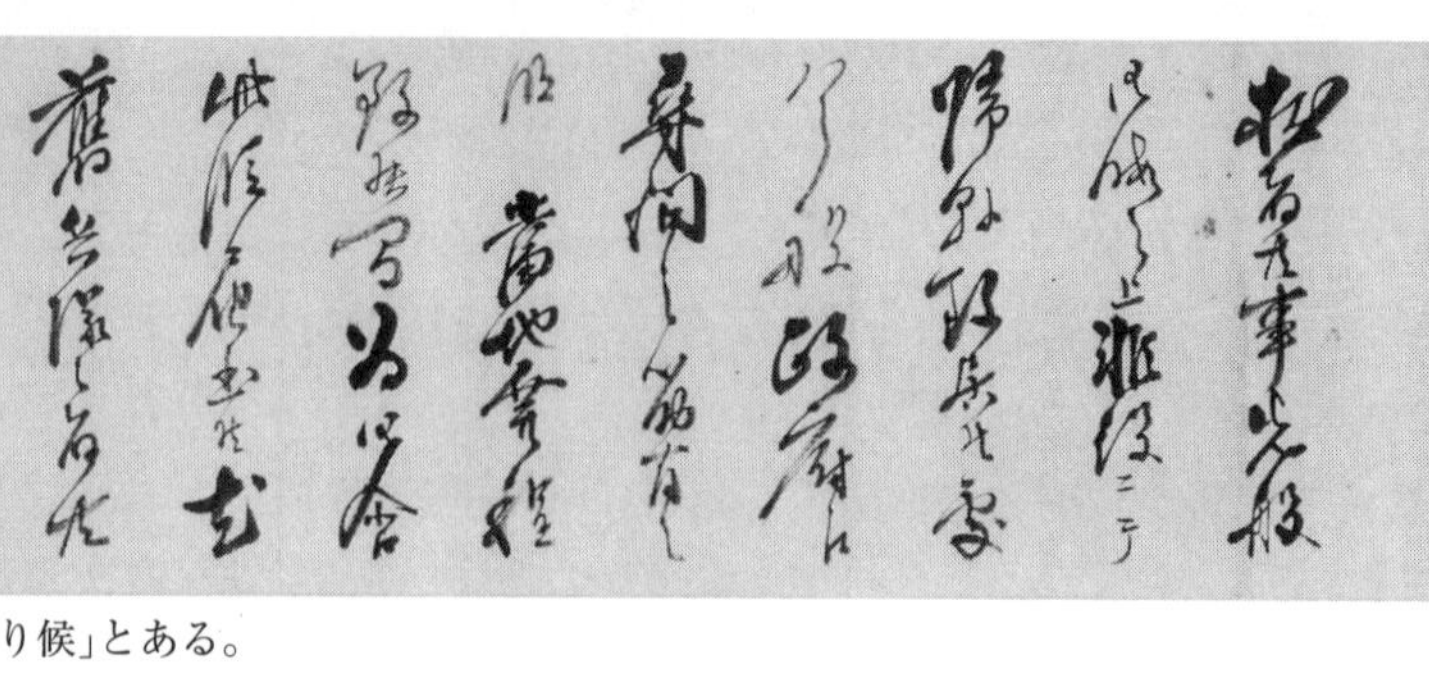

り候」とある。

大山綱良(おおやまつなよし)県令は「西郷らは熊本鎮台が通行を阻止したのでやむをえず開戦するにいたった」と二十八日に報達した。

西郷軍の挙兵

西郷軍は、第一番大隊篠原国幹、第二番大隊村田新八(むらたしんぱち)、第三番大隊永山弥一郎(ながやまやいちろう)、第四番大隊桐野利秋、第五番大隊池上四郎(いけがみしろう)、第六・第七番連合大隊別府晋介であった。別に砲兵二隊・輜重兵(しちょうへい)を含め全軍一万五〇〇〇の軍勢。一小隊は二〇〇人、一〇小隊を一大隊とする編成であった。陸軍大将西郷が私学校党を率いて決起、私学校を本営とした。

県令大山綱良は官金約一五万円と官米を提供。十二日、西郷軍は政府に尋問したいとし、兵隊を随行して上京するとの布達を県令大山綱良名で伝えた。十三日、大山県令は県官を上京させ、内務卿大久保に少警部中原尚雄(なかはらひさお)の口述書をつけて上申した。また、県官二一人を専使と名づけ、各府県・各鎮台に派遣した。十五日付の熊本鎮台宛西郷照会書で、西郷軍が鎮台下通行の際は「(鎮台)兵隊整列指揮を受けらるべし」と送った。これは、西郷の傲慢さともいわれ引

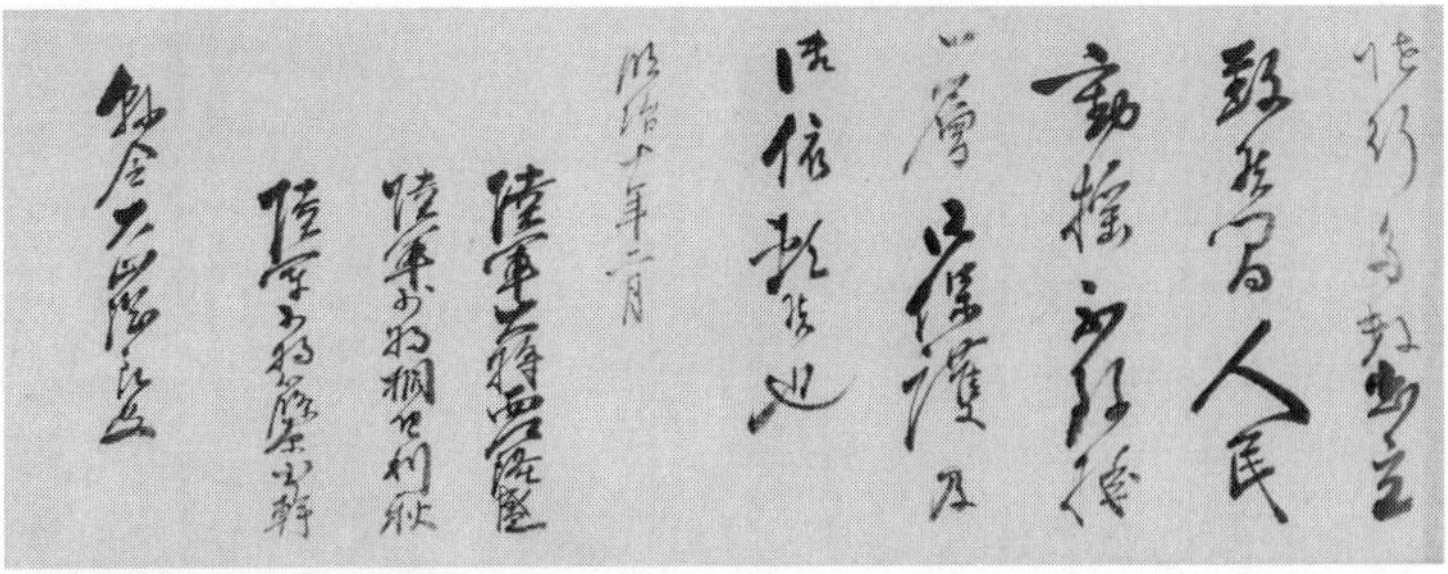

鹿児島出発の時に西郷が県庁に発給を依頼した文書　「政府に尋問の筋これあ

用されることもあるが、実際は大山県令が今藤宏第一課長に起草させたものであり、この文面を見た西郷は驚き、県庁のまちがいで西郷の本心ではないと撤回を要請している。

十五日前衛軍出発。十三日から雪がふりはじめ、十四日は終夜、十五日は五〇年来の大雪といわれた。軍は出水街道と大口街道の二道に分かれ、十五日から十七日の三日間にわたって出発、西郷は十七日、桐野・村田らとともに加治木・人吉をへて熊本に向かった。

戦況

二月十七日、西郷隆盛鹿児島発。二十一日、熊本県池辺吉十郎ら挙兵。二十二日、西郷軍熊本城を総攻撃。三月一日、田原坂の攻防始まる。四日、田原坂の総攻撃始まる。篠原国幹戦死。十六日、本営を二本松に移す。十七日、県令大山綱良官位を奪われ東京に護送。二十日、政府軍田原坂を占領。二十一日、黒田清隆の率いる後背軍八代上陸。同日、岩村通俊が鹿児島県令となる。三十一日、大分県士族増田宋太郎ら中津で挙兵。四月十三日、本営を木山に移す。

西郷札(五十銭)

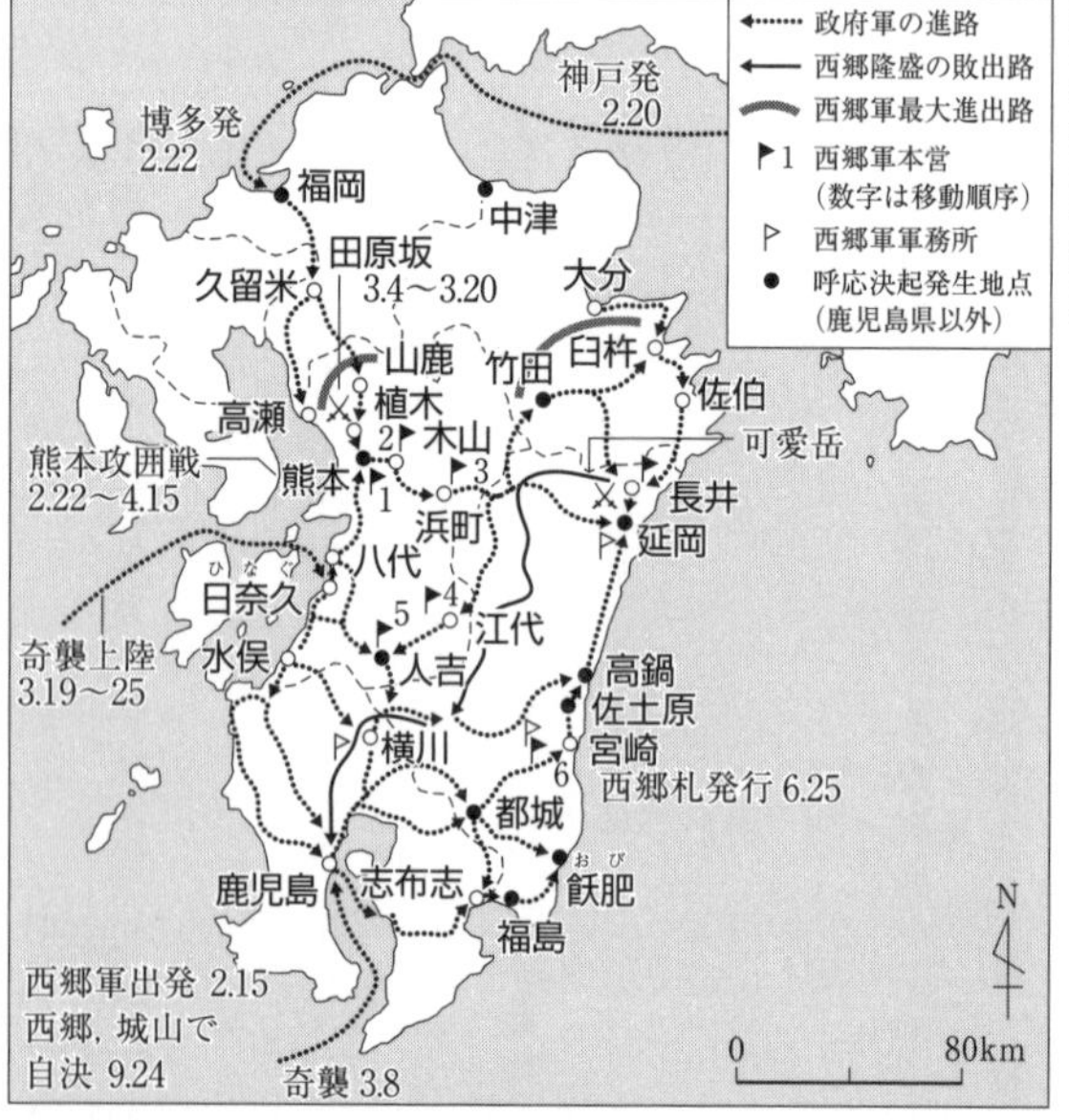

西南戦争関係地図

西南戦争の錦絵(「田原坂激戦之図」)

十四日、黒田清隆率いる後背軍が熊本城に入る。二十一日、西郷軍矢部に退く。二十二日、桐野ら江代に向かう。二十七日、川村参軍ら鹿児島を占領。同日、西郷軍椎葉越えして人吉着。二十九日、人吉発宮崎に向かう。七月二十四日、政府軍都城占領。八月十五日、延岡和田峠でみずから指揮して政府軍に反撃を試みるが敗れる。十六日、長井村で政府軍に包囲される。十七日夜、負傷者に投降を指示し、一部を率いて可愛岳を登り、政府軍の包囲網を突破する。二十一日、三田井の政府軍を襲う。二十一日以降、政府軍西郷軍を見失う。二十八日、小林に着き、横川に向かう。三十日、踊(牧園)で第二旅団に迎撃される。三十一日、溝辺・山田・蒲生をへて吉田に進む。九月一日、川上・吉野から伊敷を迂回して鹿児島に突入、鹿児島城・私学校を奪い返し、城山に立てこもる。六日、政府軍城山包囲網完成。十日、政府軍八個旅団集結(八万人)、以後、城山への砲撃を続ける。城山にこもった西郷軍は約三五〇人。二十四日、西郷軍陥落。西郷軍の遺体を浄光明寺跡墓地に埋葬。

西郷隆盛筆「敬天愛人」

鹿児島裁判所裁判官の上表文と長崎裁判

鹿児島裁判所在勤裁判官七人の上表文(じょうひょうぶん)が提出された意図は、陸軍大将西郷隆盛の上京を鹿児島在勤の裁判官として黙ってみすごすことはしのびないとして事情を奉じたいと提出したものである。上京の原因は西郷暗殺陰謀が発覚したことであり、暴徒と決めつけることなく、主謀者は法律をもって処罰し、そして国憲を正さないといけない、どうして今日の齟齬(そご)が生じたのか、国民のことを顧みていないのではないか、とある。

『西南記伝』によれば、西郷軍の戦死・病死者七四七六人、うち鹿児島六四六七人、宮崎四六二人、熊本三八三人、その他一六四人である。

西南の役関係裁判は、長崎臨時裁判所で判決がくだされた。監獄期間の基準は、大隊長級一〇年、中隊長級五年、小隊長級三年、半隊長級二年、分隊長級一年であった。西郷軍の懲役人は二七六四人、実際の判決内容は、斬罪二二人、懲役一〇年三一人、同七年一一人、同五年一二六人、同三年三八〇人、同二年一一八三人、同一年六一四人となっている。

なお、『鹿児島県史』に斬罪に処せられたのは、大山綱良、ほか三人は日向募兵参軍であり、一八人は党薩諸隊などの首謀者であったという。

岩崎谷の西郷翁の服装について、一九一一(明治四十四)年七月、口伝に紺の薩摩絣の着物、黒木綿の兵児帯、胴回りには木綿の紐を巻きつけ、素足に草鞋であったと伝える。

（論文）
芳即正「薩長同盟と坂本龍馬の役割」『鹿児島歴史研究』第２号, 1997年
先田光演「西南戦争と奄美」『えらぶ郷土研究会報』№45, 1989年
徳永和喜「島津斉彬の外交思想と集成館事業」『敬天愛人』第33号, 2015年
徳永和喜「調所広郷が育てた海商濱崎太平次と藩武器調達」『敬天愛人』第34号, 2016年
徳永和喜「村田新八喜界島流罪と『親族付帳』」『敬天愛人』第35号, 2017年
徳永和喜「戊辰戦争での西郷家の活躍の一断面」『薩摩士魂の会』, 2018年
徳永和喜「秋月種樹偶評　南洲手抄言志録 全」『敬天愛人』第36号, 2018年
徳永和喜「戊辰戦争に関する史料紹介」『敬天愛人』第37号, 2019年
徳永和喜「西郷書翰にみる西郷と藩の動向」『敬天愛人』第38号, 2020年
粒山樹「小御所会議における西郷逸話について」『敬天愛人』第38号, 2020年

写真所蔵・提供者一覧（敬称略, 五十音順）

会津若松市　p. 16
朝日新聞社　p. 89
茨城県立歴史館　p. 53
鹿児島県歴史・美術センター黎明館　p. 19, 56, 99
宮内庁書陵部　p. 50
熊本博物館　p. 108下
警視庁（撮影協力）　p. 88
高知県立坂本龍馬記念館　p. 36
国立公文書館　p. 58
国立国会図書館　p. 5, 45, 94
個人蔵, 鹿児島県歴史・美術センター黎明館保管　p. 74
西郷南洲顕彰館　カバー裏, 扉, p. 96, 106・107, 108上, 110
下関市立歴史博物館　p. 6, 35
尚古集成館　p. 66
聖徳記念絵画館　カバー表, p. 61, 78, 81
徳川記念財団　p. 65
毛利博物館　p. 17, 76
靖國神社遊就館　p. 69
山口県文書館　p. 85
横浜開港資料館　p. 21

参考文献

(史料)
鹿児島県『鹿児島県史』第 3 巻, 1941年
鹿児島県維新史料編さん所『忠義公史料』第 3 ～第 4 , 1976～77年
鹿児島県維新史料編さん所『忠義公史料』第 7 巻, 1979年
鹿児島県歴史資料センター黎明館『玉里島津家史料』1 ～ 3 , 1992年
勁草書房『勝海舟全集』18, 1972年
西郷南洲顕彰会『敬天愛人』創刊号～第39号, 1983～2021年
財団法人岩倉公旧蹟保存会『岩倉公実紀』下巻, 1906年
思文閣出版『岩倉具視関係史料』上, 2012年
大和書房『西郷隆盛全集』第 1 巻～第 6 巻, 1976～80年
日本史籍協会『大久保利通日記』1 ～ 2 , 日本史籍協会叢書, 東京大学出版会, 1927年
日本史籍協会『島津久光公実紀』1 ～ 3 , 続日本史籍協会叢書, 東京大学出版会, 1995年(1), 2000年(2)～(3)
日本史籍協会『大久保利通文書』1 ～ 6 , 日本史籍協会叢書, 東京大学出版会, 2014年
日本史籍協会『徳川慶喜公伝　史料編』1 ～ 3 , 日本史籍協会叢書, 東京大学出版会, 2016年
原書房『薩藩海軍史』中巻, 1968年
吉川弘文館『大久保利通関係文書』3 , 1968年
吉川弘文館『明治天皇紀』第 2 ～第 4 , 1969～70年

(著書)
猪飼隆明『西郷隆盛』岩波書店, 2011年
井上靖『西郷隆盛』中央公論社, 1970年
岩下哲典『江戸無血開城』吉川弘文館, 2018年
大久保利謙『岩倉使節の研究』宗高書房, 1976年
落合弘樹『西郷隆盛と士族』吉川弘文館, 2005年
落合弘樹『西南戦争と西郷隆盛』吉川弘文館, 2013年
芳即正『坂本龍馬と薩長同盟』高城書房, 1998年
芳即正『島津久光と明治維新』新人物往来社, 2002年
西郷従宏『元帥西郷従道伝』芙蓉書房, 1981年
坂本一登『岩倉具視』山川出版社, 2018年
佐々木克『大久保利通』山川出版社, 2009年
東郷實晴『西郷と大久保　波瀾の生涯』斯文堂, 1989年
德永和喜『天璋院篤姫』新人物往来社, 2007年
德永和喜『偽金づくりと明治維新』新人物往来社, 2010年
德永和喜監修『西郷隆盛の謎』ＫＡＤＯＫＡＷＡ, 2017年
日本赤十字社熊本県支部『西南戦争と博愛社創設秘話』書肆月耿舎, 2010年
平泉澄『首丘の人大西郷』錦正社, 2016年
毛利俊彦『明治六年の政変』中公新書, 1979年

西郷隆盛とその時代

西暦	年号	齢	お も な 事 項
1827	文政 7		*12-7* 鹿児島城下下加治屋町に誕生，父吉兵衛・母マサ
1836	天保 7	9	藩主斉興に初御目見
1839	10	12	藩校造士館からの帰途，友人と争い，右ひじを負傷する
1844	弘化元	17	藩の郡方書役助となり，郡奉行迫田利済の配下となる
1846	3	19	川内高城の妹背橋，串木野羽島の万福池の工事をする
1847	4	20	この年，下加治屋町郷中の二才頭となる
1850	嘉永 3	23	*3-* 父吉兵衛が御用人をしていた赤山靫負がおゆら騒動の責任で切腹。その血衣を見せられる
1852	5	25	*7-18* 祖父遊山没。*9-27* 父吉兵衛没。*11-29* 母マサ没
1854	安政元	27	*4-* 庭方役となる
1855	2	28	*12-12* 下加治屋町の屋敷259.5坪を永代売願い。翌年売買許可。*12-27* 橋本左内を水戸藩士原田宅に訪ねる
1856	3	29	*4-12* はじめて斉彬の御前に召しだされ，指導を受ける。*7-9* 徳川斉昭に斉彬密書を持参し，詳細は安島帯刀に述べる。この年，篤姫の輿入れ準備に奔走する
1858	5	31	*7-16* 斉彬急逝。*7-27* 訃報に接し殉死しようとする
1859	6	32	*1-12* 奄美大島の龍郷村阿丹崎に着(約 3 年の潜居)
1861	文久元	34	*11-21* 召還状到来
1862	2	35	*3-16* 久光，率兵で鹿児島出発。*4-6* 下関待機の命に背き上京，久光捕縛を命ずる。*4-23* 寺田屋事件。*7-5* 徳之島遠流，湾仁屋着。*7-14* 沖永良部島再度遠島命令
1863	3	36	*7-2* 薩英戦争。*7-4* 英艦退去。*8-18* 八月十八日の政変
1864	元治元	37	*2-21* 吉井・弟信吾ら藩船胡蝶丸で迎えに来る。*3-18* 京都で久光に拝謁，翌日軍賦役に就く。*7-19* 禁門の変。*10-12* 征長軍の参謀に就き，長州処分案で恭順策に徹する
1865	慶応元	38	*2-13* 五卿，大宰府に着。*4-1* 長州再征令。*10-17* 薩摩藩の名義で長州藩の軍艦を購入する
1866	2	39	*1-22* 坂本龍馬立会いのもと薩長盟約締結。*7-9* 藩主父子名で朝廷に再征反対建白，幕府に出兵拒否文書提出
1867	3	40	*10-13* 岩倉具視，藩主宛討幕の密勅を大久保に渡す。*10-14* 大政奉還。*12-9* 王政復古の大号令
1868	明治元	41	*1-3* 鳥羽・伏見の戦い。*2-14* 東征大総督府下参謀に任命される。*4-11* 江戸城無血開城
1869	2	42	*5-18* 戊辰戦争終る。*6-* 正三位に叙せられる
1871	4	44	*4-21* 西郷常備兵 4 大隊(5000人)を率いて東京着。*7-14* 廃藩置県を断行
1873	6	46	*10-15* 西郷朝鮮派遣使節に決定。*10-24* 派遣中止となる
1874	7	47	*6-* 私学校(銃隊・砲隊・賞典学校)をつくる
1877	10	50	*1-30* 私学校徒，草牟田火薬庫を襲う。*2-22* 西郷軍，熊本城を総攻撃。*9-24* 西郷軍城山にて敗れる。自刃

徳永和喜(とくなが かずのぶ)
1951年生まれ
九州大学大学院博士後期課程修了，博士(文学)
専攻，幕末維新史
現在，西郷南洲顕彰館館長，鹿児島史談会会長
主要著書
『薩摩藩対外交渉史の研究』(九州大学出版会2005)
『天璋院篤姫』(新人物往来社2007)
『偽金づくりと明治維新』(新人物往来社2010)
『海洋国家薩摩』(南方新社2011)
『西郷隆盛の謎』(監修，KADOKAWA2017)

日本史リブレット人 071
西郷隆盛(さいごうたかもり)
明治維新の先覚者
2022年1月15日　1版1刷　印刷
2022年1月23日　1版1刷　発行
著者：徳永和喜(とくながかずのぶ)
発行者：野澤武史
発行所：株式会社 山川出版社
〒101－0047　東京都千代田区内神田1－13－13
電話 03(3293)8131(営業)
03(3293)8135(編集)
https://www.yamakawa.co.jp/
振替 00120-9-43993
印刷所：明和印刷株式会社
製本所：株式会社 ブロケード
装幀：菊地信義＋水戸部功

Printed in Japan ISBN 978-4-634-54871-8

日本史リブレット 人

1 卑弥呼と台与――仁藤敦史
2 倭の五王――森　公章
3 蘇我大臣家――佐藤長門
4 聖徳太子――大平　聡
5 天智天皇――須原祥二
6 天武天皇と持統天皇――義江明子
7 聖武天皇――寺崎保広
8 行基――鈴木景二
9 藤原不比等――坂上康俊
10 大伴家持――鐘江宏之
11 桓武天皇――西本昌弘
12 空海――曾根正人
13 円仁と円珍――平野卓治
14 菅原道真――大隅清陽
15 藤原良房――今　正秀
16 宇多天皇と醍醐天皇――川尻秋生
17 平将門と藤原純友――下向井龍彦
18 源信と空也――新川登亀男
19 藤原道長――大津　透
20 清少納言と紫式部――丸山裕美子
21 後三条天皇――美川　圭
22 源義家――野口　実
23 奥州藤原三代――斉藤利男
24 後白河上皇――遠藤基郎
25 平清盛――上杉和彦
26 源頼朝――高橋典幸
27 重源と栄西――久野修義
28 法然――平　雅行
29 北条時政と北条政子――関　幸彦
30 藤原定家――五味文彦
31 後鳥羽上皇――杉橋隆夫
32 北条泰時――三田武繁
33 日蓮と一遍――佐々木馨
34 北条時宗と安達泰盛――福島金治
35 北条高時と金沢貞顕――永井　晋
36 足利尊氏と足利直義――山家浩樹
37 後醍醐天皇――本郷和人
38 北畠親房と今川了俊――近藤成一
39 足利義満――伊藤喜良
40 足利義政と日野富子――田端泰子
41 蓮如――神田千里
42 北条早雲――池上裕子
43 武田信玄と毛利元就――鴨川達夫
44 フランシスコ＝ザビエル――浅見雅一
45 織田信長――藤田達生
46 徳川家康――藤井讓治
47 後水尾院と東福門院――山口和夫
48 徳川光圀――鈴木暎一
49 徳川綱吉――福田千鶴
50 渋川春海――林　淳
51 徳川吉宗――大石　学
52 田沼意次――深谷克己
53 遠山景元――藤田　覚
54 酒井抱一――玉蟲敏子
55 葛飾北斎――大久保純一
56 塙保己一――高埜利彦
57 伊能忠敬――星埜由尚
58 近藤重蔵と近藤富蔵――谷本晃久
59 二宮尊徳――舟橋明宏
60 平田篤胤と佐藤信淵――小野　将
61 大原幽学と飯岡助五郎――高橋　敏
62 ケンペルとシーボルト――松井洋子
63 小林一茶――青木美智男
64 鶴屋南北――諏訪春雄
65 中山みき――小澤　浩
66 勝小吉と勝海舟――大口勇次郎
67 坂本龍馬――井上　勲
68 土方歳三と榎本武揚――宮地正人
69 徳川慶喜――松尾正人
70 木戸孝允――一坂太郎
71 西郷隆盛――德永和喜
72 大久保利通――佐々木克
73 明治天皇と昭憲皇太后――佐々木隆
74 岩倉具視――坂本一登
75 後藤象二郎――村瀬信一
76 福澤諭吉と大隈重信――池田勇太
77 伊藤博文と山県有朋――西川　誠
78 井上馨――神山恒雄
79 河野広中と田中正造――田崎公司
80 尚泰――川畑　恵
81 森有礼と内村鑑三――狐塚裕子
82 重野安繹と久米邦武――松沢裕作
83 徳富蘇峰――中野目徹
84 岡倉天心と大川周明――塩出浩之
85 渋沢栄一――井上　潤
86 三野村利左衛門と益田孝――森田貴子
87 ボワソナード――池田眞朗
88 島地黙雷――山口輝臣
89 児玉源太郎――大澤博明
90 西園寺公望――永井　和
91 桂太郎と森鷗外――荒木康彦
92 高峰譲吉と豊田佐吉――鈴木　淳
93 平塚らいてう――差波亜紀子
94 原敬――季武嘉也
95 美濃部達吉と吉野作造――古川江里子
96 斎藤実――小林和幸
97 田中義一――加藤陽子
98 松岡洋右――田浦雅徳
99 溥儀――塚瀬　進
100 東条英機――古川隆久

〈白ヌキ数字は既刊〉